筑梦未来·职业导航系列校企合作创新教材

逐梦青春：

大学生职业生涯规划

卢永刚
王　羽　主　编

胡顺博
殷　茜　副主编

山东人民出版社·济南

国家一级出版社　全国百佳图书出版单位

图书在版编目（CIP）数据

逐梦青春：大学生职业生涯规划 / 卢永刚，王羽主编. -- 济南：山东人民出版社，2024.8

ISBN 978-7-209-15153-5

Ⅰ. ①逐… Ⅱ. ①卢… ②王… Ⅲ. ①大学生－职业选择 Ⅳ. ①G647.38

中国国家版本馆CIP数据核字（2024）第111135号

逐梦青春：大学生职业生涯规划

ZHUMENG QINGCHUN：DAXUESHENG ZHIYE SHENGYA GUIHUA

卢永刚　王　羽　主　编

主管单位　山东出版传媒股份有限公司
出版发行　山东人民出版社
出 版 人　胡长青
社　　址　济南市市中区舜耕路517号
邮　　编　250003
电　　话　总编室（0531）82098914
　　　　　市场部（0531）82098027
网　　址　http://www.sd-book.com.cn
印　　装　东营华泰印务有限公司
经　　销　新华书店

规　　格　16开（185mm × 260mm）
印　　张　15.25
插　　页　3
字　　数　265千字
版　　次　2024年8月第1版
印　　次　2024年8月第1次
ISBN 978-7-209-15153-5
定　　价　38.00元

山东商务职业学院在第十八届"挑战杯"山东省大学生课外学术科技作品竞赛中斩获特等奖1项、一等奖5项、二等奖5项、三等奖4项。

山东商务职业学院在第十八届"挑战杯"山东省大学生课外学术科技作品竞赛中获红色专项活动一等奖1项、二等奖1项、三等奖1项及"黑科技"展示活动二等奖1项，并捧得"优胜杯"，成绩居全省前列。

山东商务职业学院在第九届山东省“互联网＋”大学生创新创业大赛中获得金奖2项、银奖4项、铜奖10项，并首次获“优秀组织奖”，实现参赛以来新突破。此外，参赛项目还获得1项“最佳带动就业奖”，这是本届省赛颁发的8个单项奖之一，职业院校仅有2项。

山东商务职业学院在第十届山东省大学生科技创新大赛中获一等奖2项、二等奖1项、三等奖6项。

山东商务职业学院在首届全国大学生职业规划大赛中获国赛金奖1项、铜奖1项。

山东商务职业学院在首届全国大学生职业规划大赛省赛中获金奖2项、银奖1项、铜奖1项。

前　言

职业生涯规划是职业院校学生必修的一门德育课程，面向在校生开展职业理想教育，可以引导学生树立正确的职业观、就业观和职业理想，让他们学会根据社会需要和自身特点进行职业生涯规划，并以此规范和调整自己的行为，为顺利就业、创业创造条件。

党的二十大报告在“增进民生福祉，提高人民生活品质”中指出，要“实施就业优先战略”。高校毕业生是就业工作的重点人群，其就业是社会关注的焦点。全社会要群策群力，力促大学生充分合理就业，协助大学生创新创业，进而实现大学生职业发展的可持续性，最大化地实现大学生的个人价值和社会价值。为此，确保大学生在校期间接受良好的职业生涯规划教育，是一项重要的基础工作。

2023年政府工作报告也指出：完善重点群体就业支持体系，把高校毕业生就业工作摆在更加突出位置。通过职业生涯规划，大学生能够更好地了解自己的兴趣、能力和潜力，明确自己的职业目标和发展方向。这样，在选择就业单位或进行创业时，大学生能够更有针对性地寻找适合自己的机会，提高就业创业的成功率。同时，职业生涯规划还可以帮助大学生制订具体的职业发展计划，为未来的就业创业做好充分准备。

我们组织经验丰富的教师、企业人力资源管理专家共同承担教材编写任务。教材按照教育部颁布的《职业生涯规划教学大纲》的要求，结合职业院校学生的年龄特点、认知能力、学习诉求、就业岗位等因素，精心设计了课程结构。

本教材立足于高职生的实际需求，结合职业生涯规划的理论知识和实践经验，为学生提供了一套系统、实用的职业生涯规划方法和工具。本书的编者都有多年的课程教学和职业指导经验。正因为此，我们以工具化、方案化、轻松化和手册化为理念，避免内容艰涩，不以废话充斥版面。我们希望广大高职生通过学习能够树立正确的职业观念，积极面对职业挑战，勇于追求自己的梦想；在职业规划的过程中，不断反思和调整，保持积极的心态和行动，相信自己的能力和潜力，努力创造属于自己的精彩人生。

本书为校企合作创新型教材，是校企合作课题的成果，将实际职业规划案例和企业需求融入教材中，内容更加贴近实际、更具实用性。卢永刚、王羽任主编，负责全书的主体部分内容书稿的编写工作，同时负责全书统稿及定稿工作。山东浪潮科苑数字科技有限公司创新创业导师胡顺博、殷茜参与了本书职业探索、职业生涯规划及管理的相关内容编写。此外，由衷感谢山东商务职业学院对校企合作教材研发的大力支持，学校创新创业指导中心对本教材撰写的悉心关切，以及山东浪潮科苑数字科技有限公司董事长王立杰对本书内容提出诸多宝贵意见！

由于编者水平有限，书中难免有疏漏和不足之处，敬请广大读者提出宝贵意见。

编　者

2024年3月

目　录

第一章

探寻职业星空

学习目标

1. 明确职业生涯规划的含义。
2. 理解职业生涯规划的意义。
3. 掌握职业生涯规划的步骤。

一座灯塔

青年的人生目标会有不同，职业选择也有差异，但只有把自己的小我融入祖国的大我、人民的大我之中，与时代同步伐、与人民共命运，才能更好实现人生价值、升华人生境界。

——习近平在纪念五四运动100周年大会上的讲话

一面镜子

四只毛毛虫

在茂密的丛林中，有四只毛毛虫，它们每天都在不停地爬着，寻找着属于自己的食物和栖息地。

第一只毛毛虫，勤劳而坚定。它每天都在爬行，寻找着食物和栖息地。在职业生涯中，这象征着那些有明确目标并为之不懈努力的人。他们知道自己想要什么，并愿意为之付出努力。这样的人，在职业生涯中往往能够稳步前行，最终实现自己的目标。

第二只毛毛虫，聪明而机敏。它懂得观察环境，寻找捷径，以更高效地达到目的。在职业生涯中，这代表着那些懂得利用资源、善于思考并找到最佳路径的人。他们不会盲目地跟随潮流，而是会根据自己的情况和市场需求，制订出最合适的职业规划。

第三只毛毛虫，乐观而积极。无论遇到什么困难，它都能保持积极的心态，相信自己会迎来更好的未来。在职业生涯中，乐观的态度同样重要。面对职业中的挑战和变化，乐观的人能够保持信心，从容应对，最终找到解决问题的方法。

第四只毛毛虫，胆小而犹豫。它总是害怕未知，不敢轻易尝试新事物。在职业生涯中，这样的人可能会因为害怕失败而错失良机，导致职业发展停滞不前。因此，对于这样的人来说，他应学会克服内心的恐惧，勇敢地面对挑战，这也是职业生涯规划中必须要克服的难题。

当我们真正踏入大学的校门，面对全新的环境、挑战和机遇时，我们可能会有困惑、压力和迷茫。这是因为，我们需要重新审视自己的人生目标，描绘新的人生图景。

我们需要明确自己的目标和方向，制订具体的计划和行动步骤，并不断努力去实现目标。同时，我们也要保持开放的心态和积极的态度，勇于尝试新事物，接受新挑战，让自己的大学生活更加充实和精彩。

步入大学是新的开始，也是一个充满机遇和挑战的阶段。我们需要认真思考自己的人生目标，并为之付出努力。只有这样，我们才能在大学这个舞台上绽放自己的光彩，实现自己的人生价值。

第一节　初识：职业生涯规划导航

职业生涯规划是个人职业生涯的“航海图”和“指南针”，它帮助我们在职业海洋中航行，确保我们朝着既定的目标前进，同时应对各种挑战和变化。

一、认识职业生涯规划

（一）职业生涯与职业生涯规划

1. 职业生涯

职业生涯是指一个人一生中所有与职业相联系的行为与活动，以及与之相关的态度、价值观、愿望变化等连续性经历。它包括一个人从任职前的职业学习和培训开始，到从事某个或多个职业，再到退休的整个职业历程。在这个过程中，个人会经历职业、职位的变迁，实现工作理想，并不断追求职业发展和个人价值的提升。

职业生涯不仅仅是职业活动，还包括与职业有关的行为和态度等内容。职业生涯的规划和发展受多种因素影响，包括个人的学识、爱好、机遇、工作环境等主客观条件，以及社会发展的客观需要，特别是社会职业的现实要求。

2. 职业生涯规划的由来

职业生涯规划最早起源于1908年的美国。当时，有“职业指导之父”之称的弗兰克・帕森斯（Frank Parsons）针对大量年轻人失业的情况，成立了世界上第一个职业咨询机构——波士顿地方就业局，首次提出了“职业咨询”的概念。从此，职业指导开始系统化。

到了20世纪五六十年代，舒伯等人进一步提出了“生涯”的概念，使得生涯规划不再局限于职业指导的层面，而是扩展到更广泛的人生规划领域。职业生涯规划逐渐发展成为一个独立的学科领域，并在随后的几十年里逐渐完善和发展。

如今，职业生涯规划已经成为现代人力资源管理的重要内容之一，它涵盖了个人对自我职业兴趣、特点、能力的分析，以及对职业目标、职业发展路径的制定和实施。通过职业生涯规划，个人可以更加清晰地认识自己，找到最适合自己的职业方向，制定实现职业目标的策略，并不断提升自己的职业素养和能力，以应对职业市场的变化和挑战。

3. 职业生涯规划的概念

职业生涯规划，也可称为职业生涯设计，是一个综合性的过程，它涉及对个人的职业生涯主客观条件的测定、分析、总结、研究。在这个过程中，个人会综合考虑自己的兴趣、爱好、能力、特长、经历及不足等各方面因素，并结合时代特点和职业倾向，确定最佳的职业奋斗目标。

职业生涯规划是一个系统的过程，旨在帮助个人识别其职业目标，并制订实现这些目标的策略和行动计划。这是对个人职业发展有意图和有计划的指导，以确保个人的职业选择、教育和培训、工作经历和职业发展活动能够达到个人的职业目标，同时也符合社会和经济的需求。

（二）职业生涯规划的特性

职业生涯规划是一个复杂的过程，它具有以下几个特性。它可以帮助个人找到适合自己的职业道路，实现自我，并在职业生涯中保持竞争力和可持续性。

1. 个性化

职业生涯规划必须考虑个体的独特性，包括个人的兴趣、能力、价值观和职业目标等。这意味着每个人进行职业规划都应该是个性化的，不能简单地复制他人的规划。个性化的职业生涯规划可以帮助个人找到最适合自己的职业道路，实现自我。

2. 自主性

职业生涯规划是一个自主的过程，个人需要根据自己的情况进行规划和决策。这意味着个人需要主动地对自己的职业生涯负责，不能完全依赖于外部因素。自主进行职业生涯规划可以提高个人在职业生涯中的主动性和适应性。

3. 长期性

职业生涯规划是一个长期的过程，需要个人在较长时间内不断调整和完善自己的职业规划，以适应不断变化的社会环境和职业需求。这意味着个人需要有耐心和毅力，不能期望短期内就实现所有的职业目标。

4. 适应性

职业生涯规划必须具备适应性，能够应对外部环境的变化和个人的成长。这意味着个人需要不断学习和提升自己的技能和知识，以适应新的职业挑战和机会。这可以帮助个人在职业生涯中保持竞争力。

5. 可行性

职业生涯规划必须具备可行性，需要有事实依据，不能是空想或幻想。这意味着个人需要对自己的能力和资源进行准确的评估，制订切实可行的职业目标和行动计划。可行性可以帮助个人避免职业规划中的不切实际的目标和计划，提高成功的可能性。

6. 社会性

职业生涯规划不仅与个人有关，也与社会环境和经济条件密切相关。个人在进行规划时，需要考虑社会和行业发展趋势，以及社会责任感。

此外，职业生涯规划还应考虑国家的宏观政策和产业导向，以及社会主义核心价值观的指导，以确保个人的职业发展与社会的发展方向相一致，为实现个人价值和社会进步做出贡献。

拓展园地

职业规划是踏入社会前的首份“提纲”

调查显示，与低年级学生相比，即将就业的高年级学生中有明确职业规划的比例更高，低年级中有明确规划的占19.04%，高年级中这部分则占33.71%。但仍有不少高年级同学职业规划比较模糊，占到63.43%；低年级中规划模糊的占74.94%。高年级中2.86%的同学仍完全没有职业目标，低年级中则占6.92%。

因为一次学生工作任务，当时还在读大二的黄某辛与一位刚毕业的学姐聊了很久，他首次萌生了“为未来做规划”的念头。“听到她在说她的应聘之路，以及她身边同学的去向的时候，我心中也开始有了‘要认真思考一下自己以后该怎么走’的想法了。”未来两年的就业或考研方向带来的“危机感”，让黄某辛觉得“如果没有一个目标及大致规划，那么现在做的努力很有可能都是白忙活”。

在黄某辛看来，一份完备的职业规划相当于为自己确立下清晰的职业目标，可以降低临近毕业时“两眼一蒙、无从下手”的风险，因“无知”而错失心仪岗位的概率也会大大降低。按照职业规划朝契合兴趣的方向去努力，也会提升自己对未来工作的满意度，更容易实现自我价值。“我们自己也能通过完善简历等过程全方位地审视自己，认识到自己的优势与不足，找到一个符合自己喜好和特长的岗位。”

毕业于辽宁某高校的邱某秋对于自己的未来也一直有着清晰的规划。“你的未来，只取决于你自己。我也没有怎么去询问学姐，因为去询问考研的学姐，她会和你说考研的理由，要是去询问不考研的学姐，那她就会和你说不考研的理由。”考研还是就业的问题根本没有让邱秋烦恼，学财务的她认为工作经验远比学历来得重要，毅然选择了就业。这是因为她早有自己的考量：“不考研的话，我就比别人多了实操经验，如果想去企业，甚至未来做管理岗位，可以再考证、再攻读MBA。”据了解，邱某秋在大一的时候就考虑过就业的问题，她用了整个大学时间考取相关证书、参加大创项目和各种大赛，让一页页简历变得沉甸甸。

中青校媒调查的结果显示，拥有大致职业规划的学生中，88.83%的被调查者会在有了职业规划后，明确学习方向，考取相关证件；80.7%的被调查者会寻找实习机会，提前了解行业情况；58.65%的被调查者选择参加大赛等活动提升能力，充实简历。

林某笑早在大一的时候便参加了职业生涯规划设计大赛，目标职业是记者。成为一名优秀的记者，兼具“有趣的灵魂”和“高尚的人格”，一直是林某笑努力的方向。于是早在高中阶段，她便把“记者”作为自己的理想职业。直至现在，“去传统媒体就业”依旧是林某笑的从未变更的坚定目标。虽然尚未就业，但林某笑已经利用假期在媒体单位实习。“确定了规划后，就一定要认真找机会实践，你会对自己有一些颠覆性的认知，发现自己的新能力。”林某笑说。

“有了规划，就开始努力。”黄某辛透露自己已经在为未来的目标做准备，作出出国留学的打算后，刚上大三他就着手准备雅思考试。

（来源：《中国青年报·中青在线》2019年10月28日07版。有删改）

二、职业生涯规划的分类

（一）目标导向型和过程导向型

目标导向型规划：侧重于设定和实现具体的职业目标，如职位晋升、薪资增长等。

过程导向型规划：侧重于职业发展的过程，如职业道路的选择、技能和知识的学习、职业经验的积累等。

（二）短期、中期和长期规划

短期规划：通常是1—3年内的职业目标，如完成某个专业课程，获得某个证书，职位获得晋升等。

中期规划：通常是3—10年内的职业目标，如职业转换、职业发展方向的确定等。

长期规划：通常是10年以上的职业目标，如登上职业生涯的顶峰、退休规划等。

（三）传统规划和现代规划

传统规划：侧重于稳定的职业发展路径，如遵循线性职业发展模型，从初级职位到高级职位的逐步晋升。

现代规划：更加灵活和多元化，考虑到职业发展的非线性特点，如跳槽、创业等。

（四）自我导向型和外部导向型

自我导向型规划：侧重于个人兴趣、价值观和能力的发展，以满足个人的职业需求和目标。

外部导向型规划：侧重于外部环境和市场需求的适应，以实现职业发展。

三、职业生涯规划的意义

进行职业生涯规划对于个人成长、职业发展具有深远而广泛的影响，它能够帮助我们明确职业目标，提升职业素养和竞争力，促进个人全面发展。

（一）构建个人发展的蓝图

职业生涯规划不仅仅是选择一个职业那么简单，它是一个全面、系统的过程，帮助我们从多个维度审视自己，包括兴趣、性格、能力、价值观以及长远的人生目标。通过这一过程，我们可以绘制出一张个性化的职业发展蓝图，明确自己在不同阶段需要达到的目标，为未来的学习和工作提供清晰的指导方向。

（二）增强自我驱动与自我管理能力

职业生涯规划要求我们主动思考、规划自己的职业发展路径。这一过程中，我们需要学会自我激励、时间管理和目标设定等关键技能。这些能力不仅对于职业生涯至关重要，也对个人的整体成长和自我管理产生积极影响。

（三）提升职业素养与竞争力

通过职业生涯规划，我们可以更有针对性地提升自己的职业素养，包括专业技能、沟通能力、团队协作能力、领导才能等。同时，这也会促使我们更加关注行业动态和市场需求，及时调整自己的学习计划和职业方向。这种前瞻性和适应性使我们在未来的求职过程中更具优势，更容易获得心仪的工作机会。

（四）增强应对职业变化的能力

在当今快速变化的职场环境中，职业生涯规划的重要性愈发凸显。通过持续的职业规划，我们可以保持对行业动态和市场需求的敏锐洞察力，及时预测并应对未来的职业变化。我们可以通过学习新技能、拓展人脉、提升学历等方式来增强在职场中的适应性和竞争力。

拓展园地

“临时抱佛脚”的求职尴尬

调查显示，87.18%没有明确职业规划的大学生认为，规划不明确对找工作有影响。其中，46.15%的大学生认为没有提前做准备导致简历单薄，61.54%的大学生找工作时才发现很迷茫，35.90%的大学生找工作时发现自己不具备工作要求的能力。

无论是来自上海某高校的李某贝还是来自安徽某高校的黄某辛，都认为自己身边有着详细职业规划的朋友并不多，一些同学甚至临时买简历模板后“海投”简历。

据江西某高校的刘某佳描述，自己寝室4个人的简历，都是在校园招聘会的前一天晚上，搜索“如何写简历才能迅速吸引HR”“简历撰写注意事项”等词条后，两个小时内仓促完成的。“穿上一套学校附近租来的正装，临时准备几句‘让人抓不住重点’的自我介绍，匆匆上场。”刘某佳回忆起当时的窘状，忍不住笑着说道：“临近最后几场招聘会，我才知道线上发给HR的简历，格式最好要用PDF格式，而不是WORD格式。”

学习电气工业及其自动化专业的佟某里曾因“考研还是工作”发愁，最终他在辅导员和导师的建议下选择保研，未来暂时“尘埃落定”。从未做过规划的他在这段“做抉择”的时间里常常感觉到迷茫。“那些对自己专业很感兴趣、有非常高热情的人，目标自然而然就有了。但像我这样对本专业兴趣一般的，就会没有方向。”为了确定目标，佟某里查了不少的资料，甚至去专业的机构和老师反复讨论。考研还是就业？优先考虑地域还是专业？种种问题不断困扰着他。在那段时间里，被“选择”“折磨”的佟某里没少到学院找辅导员和导师咨询。“自己的未来还是得靠自己。”虽说保研的决定是做出来了，但是他对以后未知的一切还是充满了迷茫。

只是光有方向和计划，似乎还远远不够。来自辽宁一所理工科大学的关某欣，在毕业前也为择业伤透了脑筋。她就读的专业常被同专业学生戏称为“万金油”专业，似乎“什么都可以做”，又似乎“什么都不对口”。在关某欣看来，择业终究是一道“双向选择题”，应聘者不可缺少计划和准备。

刘某佳提道，自己曾认为职业规划浮于形式，做不做无所谓，临近毕业时才发现自己和那些有着明确规划的同学之间的差距，“最明显的区别就是，当我还在为简历大片空白填不满而发愁时，别人已经利用社团经历、获奖经历、实习经历收到了四五份录用函，还都是热门岗位。”据刘某佳描述，其实他也在大学期间参与过不少活动、有过不少经验，只是他从未想过将这些有价值的“碎片”组合起来，让它们变成自己的优势。

（来源：《中国青年报·中青在线》2019年10月28日07版。有删改）

四、大学生进行职业生涯规划应避免的误区

职业生涯规划是每个人在职业发展道路上必须面对的重要任务。然而，在规划过程中，大学生很容易陷入一些常见的误区。

盲目追求热门行业：有些人可能会盲目追随市场热点，选择当下热门的行业或职业，而忽视了自己的兴趣和长期发展前景。大学生应结合自己的实际情况，选择最适合自己的专业。

缺乏目标设定：没有明确的职业目标，职业生涯规划就失去了方向。设定明确、具体、可衡量的目标，有助于保持动力，制订合适的行动计划，并把控自己的进展。

过于依赖外部因素：有些人过于依赖他人或外部环境的建议，而忽视了自己的内心声音。虽然他人的建议可能有一定参考价值，但最终的决策应基于自己的价值观和目标。

忽视市场趋势和行业变化：职业生涯规划不是一次性的事情，而是一个持续的过程。市场趋势和行业变化对职业发展有重要影响。如果不关注这些因素，可能会导致职业路径的偏离。

缺乏灵活性和适应性：职业发展往往充满不确定性，需要具备一定的灵活性和适应

性。过于僵化的职业生涯规划可能无法应对突发的变化和挑战。

忽视持续学习和提升：在职业发展过程中，持续学习和提升是至关重要的。忽视这一点，即使制订了完美的职业生涯规划，也可能因为缺乏必要的技能和知识而受阻。

过分追求短期利益：有些人在职业生涯规划中过分追求短期利益，而忽视了长期目标。这虽然在短期内可能获得一些收益，但长期来看可能会对职业发展产生负面影响。

为了避免这些误区，我们在进行职业生涯规划时要保持开放和灵活的心态，不断学习和提升自己的能力，同时关注市场趋势和行业变化，制订符合自己特点和需求的职业规划。

拓展园地

我的个人宣言

我的人生使命：

____

____

____

____

____

我对家庭的承诺：

____

____

____

____

我对社会的承诺：

____

____

我的人格宣言：

我想成为一个什么样的人？

在我离开这个世界时，我希望留下什么？

第二节 准备：踏上职业生涯的征途

追逐星辰的你，准备好踏上职业生涯的征途了吗？这是一个既充满诗意又极具现实意义的问询。星辰，象征着梦想与远方；而职业生涯的征途，则意味着一段充满未知与可能的旅程。在踏上这段旅程之前，你需要做好充分的准备，而职业生涯规划是其中关键。

一、职业生涯规划的内容

职业生涯规划的内容主要涵盖自我评估，环境评估，确定职业发展目标，设定职业生涯发展路线，制定弥补差距的行动方案，以及实施、评估与反馈等多个方面。

首先，自我评估是职业生涯规划的基础，它包括对自身的兴趣、能力、性格和价值观等进行全面分析，以便更好地了解自己，明确自己的优势和不足。

其次，环境评估是对职业生涯发展所处的外部条件进行分析，包括行业趋势、市场需求、职业竞争状况等，以评估这些因素对个人职业生涯发展的影响。

再次，在自我评估和环境评估的基础上，可以确定个人的职业发展目标。这些目标应该根据个人最佳才能、最优性格、最大兴趣以及最有利的环境等因素来设定，确保目标的合理性和可实现性。

然后，设定职业生涯发展路线。这涉及选择适合自己的职业方向，以及确定在职业生涯中如何实现自己的职业目标。发展路线可以包括向专业技术方向发展或者向行政管理方向发展等，具体选择应根据个人的兴趣和能力来决定。

最后，实施、评估与反馈是职业生涯规划中不可或缺的环节。在实施过程中，需要不断审视内外环境的变化，并根据实际情况调整规划。同时，定期评估自己的进展，可以确保职业生涯规划始终符合个人发展的需要和时代的要求。

综上所述，职业生涯规划是一个系统性、全面性的过程，需要综合考虑多个方面的因素，以确保规划的有效性和实用性。通过科学的职业生涯规划，个人可以更好地把握自己的职业发展方向，实现个人价值。

在制定职业生涯规划时，大学生应该充分考虑国家经济发展和个人成长需求，将个人发展融入国家发展大局中，为实现中华民族伟大复兴的中国梦贡献力量。

二、职业生涯规划的步骤

（一）自我认知

在职业生涯规划中，自我认知是一个重要的步骤。自我认知是指对自己的了解和认识，包括了解自己的兴趣、价值观、能力、性格等方面。

1. 了解自己的兴趣

兴趣是职业生涯规划的重要依据。你可以通过参加各种活动、尝试不同的实践，了解自己喜欢做什么、擅长做什么。同时，你还可以考虑自己的长期兴趣和短期兴趣，以及它们是否能够转化为职业发展机会。

2. 明确自己的价值观

价值观是影响职业选择的重要因素。你需要思考自己对职业生涯的期望，比如所追求的稳定性、成就感、社会影响力等。了解自己的价值观，有助于你在职业发展中做出符合自己内心的决策。

3. 评估自己的能力

能力是实现职业目标的基石。你可以通过自我反思、询问他人、接受职业评估等方式，了解自己的优势和劣势。同时，你还需要明确自己的能力是否能够满足目标职业的要求，以及如何提升自己的能力。

4. 认识自己的性格

性格对职业适应性有很大影响。你需要了解自己的性格特点，比如外向、内向、敏感、坚韧等，以及这些特点对职业生涯的影响。此外，还需要考虑自己的性格是否适合目标职业的工作环境和要求。

5. 寻求职业咨询

如果在自我认知方面遇到困难，可以寻求就业指导老师的帮助。他们可以提供专业的评估和建议，帮助你更好地了解自己，从而制订出更适合自己的职业生涯规划。

自我认知是职业生涯规划的基础，只有了解自己，才能找到适合自己的职业道路。在自我认知的过程中，要保持开放和诚实的态度，勇于面对自己的优点和缺点，以便更好地规划自己的职业生涯。

（二）职业环境研究

在职业生涯规划中，对职业环境的研究是非常重要的一环。职业环境研究主要包括对行业趋势、职位需求、工作内容、工作环境、职业发展前景等方面的了解。

行业趋势分析：了解你感兴趣行业的发展趋势，包括行业的增长速度、技术变革、政策影响等因素，判断行业未来的发展潜力和就业机会。

职位需求调查：研究目标职业的职位需求，包括所需的技能、教育背景、工作经验等。了解自身是否符合目标职位的要求，以及需要提升的方面。

工作内容了解：深入了解目标职位的工作内容，包括日常职责、工作压力、团队合作等方面。判断自己是否喜欢这份工作，以及是否适合自己的职业发展。

工作环境考察：了解目标职位的工作环境，包括公司文化、工作地点、工作时间、福利待遇等方面。

职业发展前景预测：研究目标职业的职业发展路径和晋升机会，了解自己在未来几年内能够达到的成就和地位。判断该职业是否具有长期的职业发展潜力。

对职业环境进行研究可以帮助你更好地了解目标职业的真实情况，为自己的职业生涯规划提供有力的支持。在研究职业环境时，要保持客观和全面的态度，积极收集和分析相关信息，以便更好地规划自己的职业生涯。

（三）目标设定与策略制定

职业生涯规划中的目标设定与策略制定是一个系统且关键的过程，它有助于个人明确职业方向，制订实施计划，并最终实现职业成功。

短期与长期目标设定：根据自己的兴趣、能力和职业环境，设定明确的短期和长期职业目标。短期目标通常是具体、可衡量且在一定时间内可实现的目标。长期目标是个人职业规划的最终愿景，它通常涉及在职业生涯的某个阶段获得某种职位、达成某种成就或实现某种价值。长期目标的设定应基于个人的职业兴趣、价值观和人生目标，同时也要具有可行性和挑战性。

职业规划策略制定：根据目标，制定具体的职业规划策略，包括自我提升策略、职业探索策略、实践锻炼策略、反馈调整策略。

目标设定与策略制定是职业生涯规划中的重要环节。确定目标和切实可行的策略，可以更好地规划自己的职业发展路径，实现职业成功和个人价值的最大化。

（四）资源准备

在职业生涯规划中，资源准备是一个至关重要的环节。它涵盖个人在职业发展过程中所需的各种内外部资源和支持，包括技能、知识、人脉等多个方面。

首先，技能与知识是资源准备的基础。我们应不断提升自己的专业技能和知识水平，以适应职业发展的需求。这包括通过参加培训课程、学习新技能、获取相关证书等方式来增强自己的竞争力。同时，也要注重跨领域知识的学习，以拓宽自己的视野和思维方式。

其次，建立良好的人际关系网络，可以为个人提供更多的职业机会和信息资源。通过与同行、前辈、导师等人的交流与学习，可以了解行业动态，掌握职业发展的最新趋势，从而更好地规划自己的职业道路。

再次，需要关注行业趋势和市场动态。了解行业的发展前景和市场需求，有助于个人在职业选择和发展方向上做出更明智的决策。同时，也要关注政策环境和社会变化，以便及时调整自己的职业规划。

最后，需要制订具体的计划和策略。例如，可以设定定期参加行业活动的目标，以扩大人脉圈子；制订学习计划，不断提升自己的专业技能和知识水平。同时，也要学会合理利用资源，如通过社交媒体、职业论坛等平台获取更多的职业信息和资源。

总之，职业生涯规划中的资源准备是一个系统性的过程，需要从多个方面进行考虑和准备。通过不断提升自己的技能与知识、拓展人脉资源、合理规划资金以及关注行业趋势和市场动态等方式，个人可以更好地应对职业发展的挑战和机遇，实现自己的职业目标。

（五）心态调整

职业生涯规划是一个复杂且动态的过程，它要求我们不断进行自我调整与提升。在这个过程中，保持积极心态和及时调整显得尤为关键。

面对职业规划中的挑战和困难，应保持积极的心态，学会调整自己的心态。竞争和压力是职业生涯中不可避免的，但我们可以通过调整自己的期望、制定合理的目标来减轻压力。同时，也要学会放松自己，保持身心健康，以更好地应对职业挑战。

在准备过程中，不断接受他人的反馈和建议，根据实际情况调整自己的职业规划。他人往往能够为我们提供宝贵的建议和指导，帮助我们更好地认识自己，发现自身的不足。我们应该以开放的心态接受这些反馈，认真分析其中的合理之处，并据此调整自己的职业规划和行动策略。

拓展园地

高职生各年级阶段目标及实施策略

▼ 大学一年级：探索期

【阶段目标】

适应高职生活，了解所学专业，建立基本的学习习惯。

掌握基础课程知识，为后续学习打下基础。

【实施策略】

1. 完成从中学生到大学生的角色转变，尽快适应大学生活。

2. 参加学校组织的入学教育、专业介绍等讲座或课程，尽快熟悉校园环境和专业特色。

3. 制订合理的学习计划，确保每天有足够的时间投入学习。

4. 积极参加课堂讨论、小组合作等活动，提高沟通能力和团队协作能力。

5. 寻求老师和同学的帮助，及时解决学习中的困惑和问题。

▼ 大学二年级：定向与提升期

【阶段目标】

深入学习专业课程，提升专业技能。

参加实践活动，培养实践能力和创新精神。

【实施策略】

1. 专注学习专业课程，掌握扎实的专业知识。

2. 积极参加校内外的实践活动，如技能竞赛、实习实训等，提高实践能力。

3. 主动参与创新项目或团队，培养创新思维和解决问题的能力。

4. 与行业内的专家或从业者进行交流，了解行业动态和职业发展前景。

5. 尝试兼职、实习等，积累一定的职业经验。

6. 学习求职技巧，学会制作简历、求职信，了解面试技巧和职场礼仪。

7. 如果决定升本，要做好复习准备。

▼ 大学三年级：冲刺期

【阶段目标】

完成学业任务，准备毕业实习和就业。

明确职业方向，提升就业竞争力。

【实施策略】

1. 认真完成毕业设计或毕业论文等学业任务，确保顺利毕业。

2. 积极参加毕业实习，了解职场文化和工作流程。

3. 制定明确的职业规划，包括职业目标、发展路径等。

4. 提升就业竞争力，如参加职业培训、考取相关证书等。

5. 利用各种渠道收集就业信息，积极参加招聘会等活动，争取理想的就业机会。

三、生涯发展的任务

舒伯把一个人的生涯发展分为五个阶段，分别是成长阶段、探索阶段、确立阶段、维持阶段和衰退阶段，如图1-1所示。

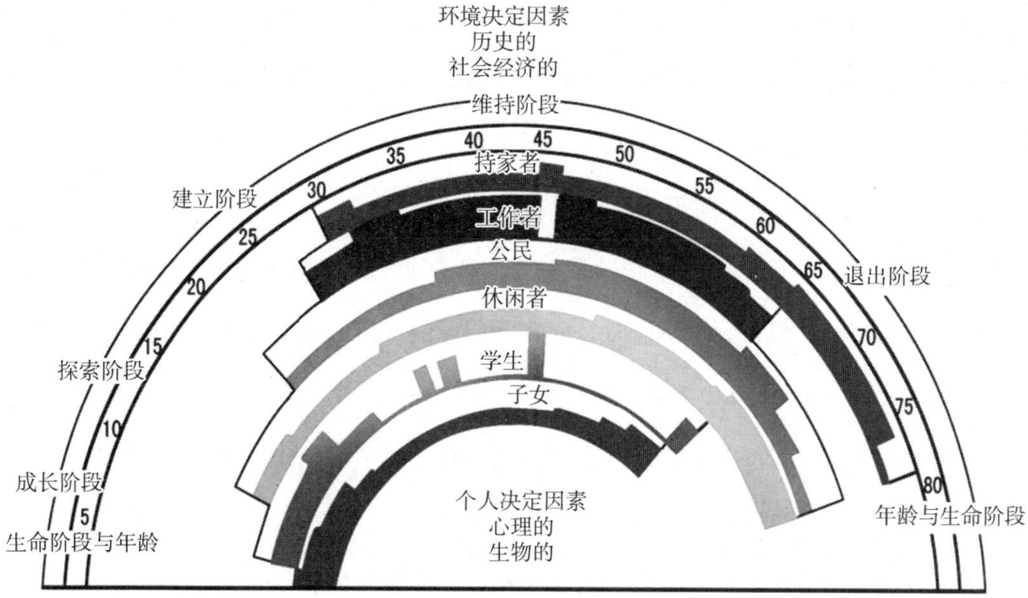

图1-1　舒伯的生涯彩虹图

生涯发展的每一个阶段都有其特征和任务，如果前一个阶段的任务没有完成好，就必然会影响到下一个阶段的发展，从而给自己的职业发展带来阻碍。

（一）成长阶段

成长阶段是指一个人从出生到14岁。成长阶段是个体生涯的准备阶段，虽然这个阶段看似和职业没有关系，却是最重要的阶段。因为到了14岁时，一个人的大脑发育基本已经完成，自我概念也基本形成，行为习惯也已经养成，学习能力也已经体现了出来。而自我概念、行为习惯以及学习能力对一个人以后的发展是至关重要的。

这个阶段的主要任务就是身心得到很好的成长，建立自我概念，形成良好的行为习惯。这个阶段也是一个人天赋展现和兴趣发展的重要阶段，尤其是艺术和运动天赋都是在这个阶段展现出来的，在这些领域取得成就的人都是在这个阶段被发现和培养的。比如郎朗、丁俊晖等。

（二）探索阶段

这个阶段从15岁到24岁，大概是从初中三年级到刚参加工作。在五个阶段中，这个阶段的时间最短，但对职业生涯来说却是极为重要的一个阶段。如果说成长阶段是一个人身体成长最快的阶段，那么这个阶段就是一个人能力成长最快的阶段。

24岁时，对一般人来说，已经大学毕业，刚参加工作两三年。这个阶段要经历学习最重要的两个阶段，即高中和大学，同时要参加工作，而工作最开始的两三年是一个人职业发展极为关键的时期。这个阶段的主要任务就是选择适合自己的职业，并为职业的发展打下良好的基础，快速提升自己的能力。

从职业生涯的角度来说，这个阶段是一个人职业发展期间困惑最多的时期。高考后，面临着志愿的填报；大学毕业时，面临着职业的抉择。这两大选择对一个人的职业发展有着巨大的影响。

虽然有部分人大学毕业以后会从事和自己专业不相关的工作，但仍有大部分人一生都从事着与自己所学专业相关的工作。

因此，大学专业的选择对大部分人来说都是至关重要的，但是，部分学生在选择专业时往往有着很大的盲目性，从而造成其上了大学以后或者工作以后才发现根本不喜欢自己的专业，对自己的职业发展造成很大影响。

西方国家对职业生涯的研究有很多现成的理论，比如基于荣格人格类型理论的MBTI性格类型测试、霍兰德的职业兴趣测试等。

这些理论已经经过多年的验证，被证明具有很好的适用性。在我国的一线城市，职业生涯规划也得到了很多人的认可，并得到了很好的发展，解决了很多人的职业选择问题。

（三）确立阶段

这个阶段从25岁到44岁，是一个人最终确定自己的职业路径到稳定发展的阶段。这个阶段又分为修正阶段和安定阶段。

修正阶段是指从25岁到30岁。在这个阶段，个体一般是刚入职不久，处于职业的不稳定期，跳槽现象发生比较频繁。对于大部分没有职业规划的人来说，这个阶段还处于职业探索期，他们通过不断更换工作来判断自己到底适合什么职业。这个时期越短越好，因为这个时期是一个人职业能力发展最快也是最为关键的时期。

安定阶段是从个体的31岁到45岁左右。在这个阶段，职业已经基本确定，剩下的就是怎么更好地发挥自己的能力，取得职业上的成就。安定阶段是一个人职业发展的黄金时期，在这个时期，身体机能处于良好的状态，职业能力也达到很高的水平，一个人是否有成就关键就看这个阶段。

（四）维持阶段

这个阶段从个体46岁到60岁左右。经过20多年的奋斗，一般人已经在职业的发展上到达顶峰，这个阶段的任务就是维持职业发展的成果，为退休做好准备。

在这个阶段，人的身体素质开始走“下坡路”，精力已经不能和年轻人比了，再加上“上有老、下有小”，需要分配更多的精力来照顾父母、关注子女。

（五）衰退阶段

60岁以后属于衰退期，对绝大多数人来说，这个时候已经离开了工作岗位，职业活动已经停止，开始安享晚年。

虽然很多人60岁以后就离开了工作岗位，但随着人类寿命的延长，大部分人的人生还有20年左右的时间，20年对人的一生来说还是很长的一段时间，我们完全可以很好地利用这段时间，让自己的生命更有意义。

当然，舒伯的职业生涯五个阶段的划分是针对一般情况来说的，现实生活中每个人的职业发展并不一定受到过五个阶段的限制，而且年龄的划分也是相对的。

在现实生活中，不同的职业发展的轨迹也会不完全相同，比如运动员可能在20多岁就到了职业发展的顶峰，而医生、科学家、投资家等到了60岁还处于事业发展的黄金阶段。有些人30岁已经事业有成，有些人50岁以后才开始创业，这样的例子在生活中也很常见。

我们学习职业生涯发展理论，就是要明白一个人在人生的不同阶段有不同的任务，只有把不同阶段的任务完成好了，自己的职业生涯才会有好的发展，人生才能过得有意义。

对我们一般人来说，职业生涯最重要的是成长阶段和探索阶段。在成长阶段，家长应该承担主要责任；而到了探索阶段，就要以个体自己为主了。

最好的职业就是自己喜欢的、能发挥自己长处的、和自己的价值观相符合的。

经过以上学习，相信你已经做好了踏上职业生涯征途的所有准备。怀揣梦想与信念，勇往直前，去追寻那片属于你的星空吧！在这条充满未知与可能的旅程中，你将会遇到各种挑战和机遇，但只要你保持坚定的信念和不懈的努力，就一定能够实现自己的职业梦想。

所以，追逐星辰的你，请勇敢地迈出那一步吧！去追寻你的梦想，去创造属于你的辉煌人生！

思考与练习

说明：（1）重要性和紧迫性的打分区间是1—5分；（2）完成情况可表述为已完成、基本完成、进行中、准备中。

表1-1　你的大学任务清单

你认为在大学最应该完成的九件事情	理由	重要性	紧迫性	完成情况

第二章

心灵之镜：自我认知

学习目标

1. 了解气质与职业的最佳匹配。
2. 了解兴趣在职业活动中的作用。
3. 学会处理兴趣和专业、兴趣和工作之间的关系，树立平衡与发展的观念。
4. 了解能力与职业生涯的关系，认识能力和职业能力的分类。
5. 了解自己的可迁移技能和自我管理的技能。

一座灯塔

人最困难的事情是认识自己。真正聪明的人都懂得定期复盘，在经历中了解自己，在反省中认识自己。

一面镜子

赵某兴趣十分广泛，从小到大，他学过绘画、钢琴、唱歌、篮球、武术，收集过烟盒、邮票，到过全国各地旅游，参加过各种比赛……但他对所有事都是“三分钟热度”。当问及将来的职业选择时，他也很想知道，自己真正感兴趣、适合自己的职业是什么。

胡某喜欢文学，梦想着自己将来当一名作家。可父母认为将来成为一名医生更有前途。她现在在临床医学专业读大二，感到自己有些郁郁寡欢。面对繁重的医学课程，无论怎么努力，她都只是勉强过关，学起来也有些吃力，有想调换专业的想法又很难实现。

龚某是护理专业大三的学生，学习成绩一直在班级名列前茅，可谓学有余力之人。然而，她却感觉自己缺乏一些必要的专业技能，想参加一些技能培训，或者考取一些职业资格证书，如心理咨询师证、营养师资格证等，为以后转行做营养师打下一个良好的基础。

认识自我是人生旅途中至关重要的一环，它意味着深入了解自己的气质、性格、兴趣和潜能。在职业生涯规划的过程中，我们需剖析自我，探索内心的热情与渴望，从而找到真正适合自己的道路。本章将引领你踏上这场自我发现之旅，帮助你更好地认识自己，为未来的职业生涯奠定坚实基础。

认识自我不仅仅是为了找到一份好工作，更是为了追求内心的满足与成长。当我们真正了解自己，明白自己的兴趣和潜能所在，我们就能更加坚定地追求自己的梦想，更加自信地面对人生的挑战。我们的人生也将因此变得更加充实、有意义。

在本章，我们将一起探索如何认识自己的性格、兴趣、气质和潜能，深入了解自己。我们将一起探讨如何根据自己的特点和优势来进行职业规划，如何将个人的发展与职业发展相结合，实现自我价值的最大化。

现在，让我们一起启程，探索那个独一无二的你。让我们勇敢地面对自己的优点和不足，积极地追寻内心的热情与渴望。相信通过这次自我发现之旅，你将能够更加清晰地认识自己，为未来的职业生涯规划提供有力的支持。

第一节 探索性格之谜

“认识你自己”是刻在希腊圣城德尔斐神殿上的一句著名箴言，它用一种直截了当的方式告诫世人，要认识人的本质，认识自己的特性和真正价值，增强自信心。正如世上没有完全相同的两片树叶一样，每个人都是独一无二的，都具有自己的个性。

大学生只有了解了自己的个性，才能更合理地选择适合自己的职业。能够认识自己的人是幸福的，他们的人生将比晚了解自己的人少很多挣扎，多许多从容与淡定。个性是在个体身上经常地、稳定地表现出来的心理特点的总和。职业个性主要包括职业气质、职业性格、职业兴趣、职业能力、职业价值观等，都影响甚至决定着人的职业选择。

大学生认识自我个性的方法主要有自我反思、与别人比较、分析他人对自己的评价及心理测试等。

一、气质与职业匹配

(一)气质及分型

气质是指人心理活动发生时表现在力量的强弱、变化的快慢、稳定性、指向性等方面的心理特征的总和。气质类似于我们平时常说的人的“脾气”“秉性”。

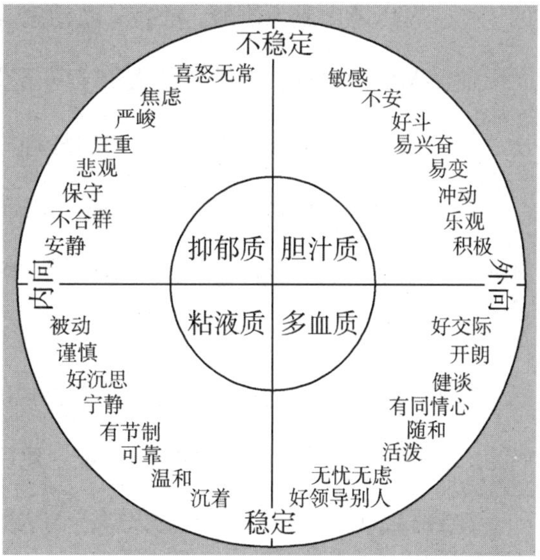

图2-1 气质类型分类图

心理学家把气质类型的外在表现分为四种：胆汁质、多血质、黏液质和抑郁质。胆汁质的人精力旺盛，但暴躁易怒；多血质的人活泼有余，耐心不足；黏液质的人平和认真，但缺乏激情；抑郁质的人敏锐机智，但多虑胆小。

（二）气质与职业活动的匹配

1. 胆汁质

胆汁质的人通常具有热情、充满活力、行动力强、富于冒险精神等特质。在进行职业规划时，可以考虑以下方向。

销售与市场营销：胆汁质的人善于与人打交道，具备说服他人的能力，这使得他们在销售和市场营销领域具有优势。可以考虑从事销售、市场策划、公关等工作。

体育竞技：胆汁质的人热爱运动，具有竞争精神，因此在体育竞技领域有一定的优势。可以考虑从事运动员、教练员、裁判员等工作。

创业与企业家：胆汁质的人勇于冒险，具备创新思维，适合创业或成为企业家。可以考虑自主创业、开办公司或成为自由职业者。

金融与投资：胆汁质的人敢于冒险，善于抓住机会，这使得他们在金融和投资领域有一定的优势。可以考虑从事股票交易、基金管理、风险投资等工作。

新闻与媒体：胆汁质的人善于表达自己的观点，具有敏锐的观察力和快速反应能力，适合从事新闻和媒体工作。可以考虑成为记者、编辑、主持人等。

法律与政治：胆汁质的人善于辩论，具有强烈的正义感，适合从事法律和政治领域的工作。可以考虑成为律师、法官、政治家等。

旅游与酒店管理：胆汁质的人善于与人交往，喜欢探索和冒险，适合从事旅游和酒店管理工作。可以考虑成为导游、酒店经理等。

艺术与设计：胆汁质的人富有创意和想象力，敢于尝试新事物，适合从事艺术和设计领域的工作。可以考虑成为艺术家、设计师等。

2. 多血质

多血质的人通常善于与人交往，有较强的沟通能力，富有创新和适应性。基于这些特点，以下是一些给多血质人的职业规划建议。

销售和市场营销：多血质的人善于与人打交道，具有说服力，这使得他们成为销售和市场营销领域的优秀人才。他们能够迅速理解客户需求，与客户建立良好的关系，并推动销售和市场营销活动的成功。

公关和媒体：多血质的人具有较强的沟通能力和表达能力，他们能够有效地传达信息，处理危机，与客户和媒体建立良好的关系。

创业和创新：多血质的人富有创新精神，善于发现机会并采取行动。他们可以成为优秀的创业者、创新者和企业家，开创自己的事业。

教育和培训：多血质的人善于与人打交道，讲话具有说服力，能够与学生建立良好的关系，激发学生的学习热情，提高学生的综合素质。

社交服务和慈善：多血质的人关心他人，能够为他人提供帮助和支持，为社会做出贡献。

广告和创意设计：多血质的人富有创意和想象力，能够为广告和创意设计提供新颖的想法和方案。

旅游和酒店管理：多血质的人善于与人打交道，喜欢尝试新鲜事物。

金融和投资：多血质的人善于发现机会，有较强的风险承受能力。

法律和咨询：多血质的人具有较强的逻辑思维和分析能力。

艺术和设计：多血质的人富有创意和想象力，喜欢追求美和艺术。

3. 黏液质

黏液质的人通常具有耐心、谨慎、细致和持久性的特点，这些特点使得他们在某些职业领域中表现出色。以下是一些适合黏液质人的职业规划建议。

研究与开发：黏液质的人善于深入思考和探索，这使得他们成为研究与开发的理想人选。例如，科学家、工程师、研究员和开发人员等职业都需要长时间的思考和研究，而这正是黏液质的人的强项。

会计和金融：黏液质的人在处理数字和数据方面有很强的能力。例如，会计师、审计师、金融分析师和风险评估师等职业都需要精确和细致的处理数据，而这正是黏液质的人的强项。

法律：黏液质的人在逻辑思考和推理方面有很强的能力。例如，律师、法官和检察官等职业都需要严谨的逻辑思考和推理能力，而这正是黏液质的人的强项。

医疗保健：黏液质的人在照顾他人和处理细节方面有很强的能力。例如，护士、理疗师和营养师等都需要耐心、细致地照顾病人，而这正是黏液质人的强项。

教育和培训：黏液质的人在教育和培训方面有很强的能力。例如，教师、辅导员和培训师等都需要耐心、细致地指导和培训学生，而这正是黏液质人的强项。

管理和行政：黏液质的人在组织和规划方面有很强的能力。例如，经理、行政助理和项目经理等职业都需要良好的组织和管理能力，而这正是黏液质人的强项。

写作和编辑：黏液质的人在文字表达方面有很强的能力。例如，作家、编辑和文案策划等职业都需要良好的文字表达和编辑能力，而这正是黏液质人的强项。

艺术和设计：黏液质的人在创造和审美方面有很强的能力。例如，画家、设计师和音乐家等职业都需要良好的创造力和审美能力，而这正是黏液质人的强项。

销售和市场营销：黏液质的人在沟通和谈判方面有很强的能力。例如，销售人员、市场专员和公关经理等职业都需要良好的沟通和谈判能力，而这正是黏液质人的强项。

4. 抑郁质

抑郁质的人通常比较敏感，善于察觉到他人的情绪变化，同时也具备较强的思考和分析能力。在职业规划上，可以考虑以下方向。

心理学领域：抑郁质的人往往有较强的共情能力和理解力，适合从事心理咨询、心理治疗等工作。通过专业的学习和培训，抑郁质的人可以成为一名合格的心理咨询师或治疗师，帮助他人解决心理问题。

艺术创作领域：抑郁质的人往往有较强的想象力和创造力，适合从事艺术创作和设计等工作。例如写作、绘画、作曲等，可以通过创作表达内心情感和思想，同时也可以为他人带来美的享受。

研究和学术领域：抑郁质的人喜欢探究和分析问题，具有较强的思考能力和学术素养，适合从事学术研究或专业技术工作。例如科研人员、工程师、技术专家等，可以通过深入研究或技术创新来推动相关领域的发展。

服务行业：抑郁质的人善于察觉他人的需求并提供帮助，适合从事服务行业。例如医护人员、教师、导游等，可以通过提供专业服务来满足他人的需求，同时也可以发挥自己的共情和沟通能力。

编辑和校对：抑郁质的人往往有较强的语言敏感性和文字处理能力，适合从事编辑和校对等工作。例如出版社的编辑、网站的审核员等，可以通过对文字的精细处理来提高内容的质量。

会计和金融：抑郁质的人喜欢处理数字和数据，具有较强的逻辑思维和分析能力，适合从事会计和金融领域的工作。例如会计师、审计师、金融分析师等，可以通过对数据的处理和分析来提供专业的财务或金融建议。

规划和策划：抑郁质的人善于思考和规划，具有较强的创造性和战略眼光，适合从事规划和策划领域的工作。例如项目策划、活动组织、城市规划等。

（三）气质对职业活动的影响

单一气质类型的人不多，气质本身也无好坏之分。任何一种气质都有积极和消极的一面，关键在于了解自己的气质特点，扬长避短。不同的职业对从业者的气质可能有不同要求，不同气质的人对职业的适合度也不同。气质也并不决定一个人的社会价值，即气质并不决定一个人的成就大小或对社会贡献的大小。

拓展园地

气质类型测试

做完下面60道题大致可确定你的气质类型。若题干描述的情况与你的情况“很符合”记2分，“较符合”记1分，“一般”记0分，“较不符合”记－1分，“很不符合”记－2分。

1. 做事力求稳妥，一般不做无把握的事。（　　）
2. 遇到可气的事就怒不可遏，想把心里话全说出来才痛快。（　　）
3. 宁可一个人做事，也不愿很多人在一起。（　　）
4. 到一个新环境很快就能适应。（　　）

5. 厌恶那些强烈的刺激，如尖叫、危险镜头等。 (　　)

6. 和别人争吵时，总是先发制人，喜欢挑衅别人。 (　　)

7. 喜欢安静的环境。 (　　)

8. 善于和人交往。 (　　)

9. 羡慕那种善于克制自己感情的人。 (　　)

10. 生活有规律，很少违反作息制度。 (　　)

11. 在大多数情况下情绪是乐观的。 (　　)

12. 碰到陌生人觉得很拘束。 (　　)

13. 遇到令人气愤的事，能很好地自我克制。 (　　)

14. 做事总是有旺盛的精力。 (　　)

15. 遇到问题总是举棋不定、优柔寡断。 (　　)

16. 在人群中从不觉得过分拘束。 (　　)

17. 情绪高昂时，觉得干什么都有趣；情绪低落时，又觉得什么都没有意思。 (　　)

18. 当注意力集中于一事物时，别的事很难使我分心。 (　　)

19. 理解问题总比别人快。 (　　)

20. 碰到危险情景，常有一种极度恐怖感。 (　　)

21. 对学习、工作怀有很高的热情。 (　　)

22. 能够长时间做枯燥、单调的工作。 (　　)

23. 对符合兴趣的事情，干起来劲头十足，否则就不想干。 (　　)

24. 一点小事就能引起情绪波动。 (　　)

25. 讨厌做那些需要耐心、细致的工作。 (　　)

26. 与人交往不卑不亢。 (　　)

27. 喜欢参加热烈的活动。 (　　)

28. 爱看感情细腻、描写人物内心活动的文艺作品。 (　　)

29. 工作学习时间长了，常感到厌倦。 (　　)

30. 不喜欢长时间谈论一个问题，愿意实际动手。 (　　)

31. 喜欢侃侃而谈。 (　　)

32. 别人总是说我闷闷不乐。 (　　)

33. 理解问题常比别人慢些。 (　　)

34. 疲倦时只要短暂休息就能精神抖擞、重新投入工作。 (　　)

35. 心里有话宁愿自己想，也不愿说出来。 (　　)

36. 认准一个目标就希望尽快实现。不达目的，誓不罢休。 (　　)

37. 学习、工作同样一段时间后，常比别人更疲倦。 (　　)

38. 做事有些莽撞，常常不考虑后果。 (　　)

39. 在老师讲授新知识、技术时，总希望他讲得慢些，多重复几遍。(　　)

40. 能够很快地忘记那些不愉快的事情。 (　　)

41. 做作业或完成一件工作总比别人花时间多。 (　　)

42. 喜欢运动量大的剧烈体育运动，或者参加各种文艺活动。 (　　)

43. 不能很快地把注意力从一件事情转移到另一件事情上去。 (　　)

44. 接受一项任务后，就希望把它迅速完成。 (　　)

45. 认为墨守成规比冒险强些。 (　　)

46. 能够同时注意几件事情。 (　　)

47. 我烦闷的时候，别人很难使我高兴起来。 (　　)

48. 爱看情节起伏跌宕、激动人心的小说。 (　　)

49. 对工作抱有认真严谨的态度。 (　　)

50. 和周围人的关系总是相处不好。 (　　)

51. 喜欢复习学过的知识，喜欢重复做能熟练做的工作。 (　　)

52. 希望做变化大、花样多的工作。 (　　)

53. 对小时候会背的诗歌，我似乎比别人记得更清楚。 (　　)

54. 别人说我语出“伤”人，可我并不觉得这样。 (　　)

55. 在体育活动中，我常因反应慢而落后。 (　　)

56. 反应敏捷，头脑机智。（　　）

57. 喜欢有条理而不甚麻烦的工作。（　　）

58. 兴奋的事常使我失眠。（　　）

59. 老师讲新概念，我常听不懂，但弄懂了以后很难忘记。（　　）

60. 假如工作枯燥无味，马上就会情绪低落。（　　）

评分标准：

把每题得分按表2-1中的题号相加，算出各栏的总分。

表2-1　气质类型评分表

类型	题目	合计
胆汁质	2 6 9 14 17 21 27 31 36 38 42 48 50 54 58	
多血质	4 8 11 16 19 23 25 29 34 40 44 46 52 56 60	
黏液质	1 7 10 13 18 22 26 30 33 39 43 45 49 55 57	
抑郁质	3 5 12 15 21 24 28 32 35 37 41 47 51 53 59	

A. 如果某一项或两项的得分超过20，则为典型的该气质。

B. 如果某一项或两项以上得分在10—20，其他各项得分较低，则为一般该项气质。

C. 若各项得分在10以下，但某项或几项得分较其余项为高（相差5分以上），则为略倾向于该项气质（或几项的混合）。

D. 一般来说，正分值越高，表明该项气质特征越明显；反之，正分值越低或得负分值，表明越不具备该项气质特征。

二、性格与职业匹配

（一）性格及分类

性格是人对现实的态度和行为方式中比较稳定的心理特征的总和，也就是人独特的思维方式和行为方式。人的性格按心理活动倾向分为内向和外向；根据独立程度分为独立型与依赖型；按知、情、意三者在性格中何者占优势分为情感型、理智型、意志型；根据人的生活方式及价值观，分为理论型、经济型、审美型、社会型、权力型和宗教型等。

气质与性格都在人的生活实践中形成，两者互相渗透、彼此制约。就气质与性格各自形成的特点讲，气质更多受到遗传素质的影响，而性格是在人自身的素质同环境的相互作用中形成的，比气质更具有可塑性。

(二)MBTI

迈尔斯—布里格斯类型指标(Myers–Briggs Type Indicator，MBTI)是由美国作家伊莎贝尔·布里格斯·迈尔斯和她的母亲凯瑟琳·库克·布里格斯共同制定的一种人格类型理论模型。

迈尔斯和布里格斯以瑞士心理学家卡尔·荣格划分的8种心理类型为基础，将人格的心理类型理论付诸实践，经20多年的研究，编制成了迈尔斯—布里格斯类型指标。迈尔斯在人格的优势功能和劣势功能、主导功能和从属功能等概念的基础上，进一步提出功能等级等概念，并有效地为每一种类型确定了其功能等级的次序，又提出了类型的终生发展理论，形成四个维度。

1. MBTI主要类型指标

这四个维度就是四把标尺，每个人的性格都会落在标尺的某个点上，这个点靠近哪个端点，就意味着这个人有哪方面的偏好。如表2-2所示。

表2-2 类型指标介绍

维度	类型	相对应类型英文及缩写	类型	相对应类型英文缩写
注意力方向(精力来源)	外倾	E(Extrovert)	内倾	I(Introvert)
认知方式 (如何搜集信息)	实感	S(Sensing)	直觉	N(Intuition)
判断方式(如何做决定)	思考	T(Thinking)	情感	F(Feeling)
生活方式 (如何应对外部世界)	判断	J(Judgment)	感知	P(Perceiving)

2. 16种类型

MBTI的四个维度，两两组合为十六种类型。四个维度在每个人身上会有不同的比重，不同的比重会导致不同的表现，关键在于各个维度上人均指数和相对指数的大小。以各个维度的字母表示类型，如表2-3所示。

表2-3 MBTI16种具体类型

代码	名称	代码	名称	代码	名称	代码	名称
ISTJ	物流师型人格	ISFJ	守卫者型人格	INFJ	提倡者型人格	INTJ	建筑师型人格
ISTP	鉴赏家型人格	ISFP	探险家型人格	INFP	调停者型人格	INTP	逻辑学家型人格
ESTP	企业家型人格	ESFP	表演者型人格	ENFP	竞选者型人格	ENTP	辩论家型人格
ESTJ	总经理型人格	ESFJ	执政官型人格	ENFJ	主人公型人格	ENTJ	指挥官型人格

3. MBTI性格特征

MBTI性格类型的主要特征可以系统地分为内倾型（Introverted）和外倾型（Extroverted）两大类别。

（1）内倾型（Introverted Types）

ISTJ（监理师）：安静且严肃，通过全面性和可靠性获得成功。有责任感，决策逻辑性强，逐步向目标迈进，不易分心。偏好将工作、家庭和生活安排得井井有条。重视传统和忠诚。

ISFJ（保护者）：安静、友好，充满责任感和良知。全面、勤勉且精确。忠诚、体贴，留心并记住重视之人的细节，关心他人感受。努力营造有序而温馨的工作和家庭环境。

INFJ（提倡者）：寻求物质之间的深层意义和联系。对人有强洞察力，希望了解激励人的因素。有责任心，坚持个人价值观，对服务大众有清晰远景。在实现目标时计划周详且果断坚定。

INTJ（建筑师）：在实现想法和目标时拥有创新想法和非凡动力。能够迅速洞察外界规律，制订长期远景计划。一旦决定做事，即开始规划直至完成。多疑、独立，对自我及他人能力要求高。

ISTP（鉴赏家）：灵活、忍耐力强，是安静的观察者。在问题出现时迅速行动，找到实用解决方案。分析事物运作原理，从大量信息中迅速找到关键。对原因和结果感兴趣，运用逻辑处理问题，重视效率。

ISFP（艺术家）：安静、友好、敏感且和善。享受当下，偏好按自己的时间表工作。对个人价值观及重要之人非常忠诚，有责任心。不喜争论，不将个人观念强加于人。

INFP（调停者）：理想主义，对个人价值观及重要之人忠诚。追求内外生活的一致，好奇心强，可以预见事物可能性。寻求理解并帮助他人。适应力强，灵活，除非有悖于个人价值观。

INTP（逻辑学家）：对感兴趣事物寻求合理解释，热衷理论及抽象思考。安静、内向、灵活、适应力强。在兴趣领域有超凡的集中力和深度解决问题的能力。多疑，有时挑剔，喜欢分析。

（2）外倾型（Extroverted Types）

ESTP（挑战者）：灵活、忍耐力强，实际且注重结果。认为理论和抽象解释无趣，偏好用积极行动解决问题。注重当下，自然随和，享受与人相处。喜爱物质享受和时尚，通过实践和体验学习新事物。

ESFP（表演者）：外向、友好、接受力强。热爱生活和物质享受，喜欢与人合作。工作中讲究常识和实用性，使工作有趣。灵活，能快速适应新事物，乐于与他人共同尝试学习。

ENFP（倡导者）：热情洋溢、富有想象力，认为人生充满可能。能快速联系事物和信息，自信解决问题。积极认可他人，也乐于给予他人赏识和帮助。即兴发挥能力强，言语流畅。

ENTP（辩论家）：反应快、睿智，能激励他人。解决新挑战时机智而有策略，善于找出理论可能性并战略分析。善于理解他人，不喜例行公事，爱好广泛多变。

ESTJ（总经理）：现实主义，行动果断。擅长组织和执行项目，追求效率结果。注重日常细节，有清晰逻辑标准并希望他人遵循。实施计划时强而有力。

ESFJ（执政官）：热心，有责任心，擅长合作。追求温馨和谐环境。精确及时完成任务，注重细节。体察他人需求并帮助他人，希望获得认可。

ENFJ（教育家）：富有同情心，热情洋溢，对他人的需求有敏锐的洞察力。致力于帮助他人成长和发展，善于激励和指导他人。倾向于在团队或社区中扮演领导角色，以推动积极的变革。富有创造力和想象力，能够将复杂的想法转化为实际的行动方案。

ENTJ（指挥官）：果断、有决心，善于制定并执行长远规划。追求卓越，对自己和他人都有极高的期望。善于组织和领导团队，确保团队高效运转以实现目标。对战略和策略有深刻的理解，能够迅速应对变化和挑战。

4. MBTI各类型与职业的匹配

（1）分析型（NT型）

这类人包括INTJ、INTP、ENTJ、ENTP，他们倾向于思考、分析、创新和解决问题。他们通常是聪明、理性、冷静和有战略眼光的人。

INTJ（专家型）适合的领域：商业、金融、技术、教育、健康保健、医药，以及专业技术性、创造性职业等。适合的典型职业：知识产权律师、管理顾问、经济学者、国际银行业务职员、证券投资和金融分析专家、设计工程师、程序员、各类科学家、技术专家/顾问、医学专家、财务专家、各类发明家、建筑师信息系统开发商、综合网络专业人员等。

INTP（学者型）适合的领域：计算机应用与开发、理论研究、学术领域，以及专业技术领域、创造性职业等。适合的典型职业：建筑师、计算机软件设计/开发人员、网络专家、网站设计人员、系统分析人员、信息服务开发商、金融规划师、风险投资商、法律调解员、调查员、财务分析、经济学者、大学教授（哲学/经济学）、知识产权律师、音乐家、神经科医师、医药研究人员、战略规划师、变革管理顾问、企业金融律师等。

ENTJ（统帅型）适合的领域：商业、金融、咨询、培训，专业技术性职业等。适合的典型职业：首席执行官、网络专家、管理顾问、政客、管理人员、授权商、公司财务/融资律师、个人理财顾问、房地产开发商、销售主管、环保工程师、知识产权律师、投资顾问、经济分析师、化学工程师、教育顾问、法官、（人事、销售、营销）经理、技术培训人员、国际销售经理、特许经营业主、程序员等。

ENTP（智多星型）适合的领域：商人、创业、创作、开发、投资、公共关系、政治、创造性职业等。适合的典型职业：企业家、发明家、投资银行家、风险投资商、职业规划师、管理营销顾问、广告文案、访谈节目主持、政客、房地产开发商、后勤顾问、投资经纪人、广告创意指导、演员、战略规划家、大学校长/学院院长、互联网营销人员、工业设计经理、后勤顾问、金融规划师、国际营销商、营销策划人员、广告创意指导等。

（2）稳健型（SJ型）

这类人包括ISTJ、ISFJ、ESTJ、ESFJ，他们注重传统、秩序、规则和稳定。他们通常是实际、有条理、可靠和勤奋的人。

ISTJ（检查员型）适合的领域：商业、销售、服务、金融、教育、法律、应用科学、卫生保健。适合的典型职业：首席信息官、气象学者、数据库管理、保健管理员、出纳/财务工作者、后勤经理、信息总监、预算分析员、医学研究者、房地产经纪人、建筑/大厦检查员、农学家、保健医师、生物医学研究者、办公室管理人员、物流师、信用分析师、审计员、电脑编程员、证券经纪人、地质学者、会计、文字处理专业人士、侦探等。

ISFJ（照顾者型）适合的领域：卫生保健、社会服务、教育、商业、服务、设计、技术。适合的典型职业：人事管理人员、护理医师、营养学家、家庭保健员、初级学校工作者、图书管理员、档案管理员、室内装潢师、律师助手、数据库经理、信息总监、后勤与供应经理、业务运作顾问、工厂主管、记账员、福利院工作者、导师/顾问、特殊教育工作者、旅馆业主、项目经理、客户服务代表、电脑分析人员、保险代理、承包商、证券经纪人、信用顾问、安全管理人员等。

ESTJ（管家型）适合的领域：营销、服务、科学技术、自然物理、管理、专业技术领域等。适合的典型职业：业务主管、军官、首席信息官、运动商品销售员、房地产开发商、预算分析员、健康管理员、药剂师、信用顾问、保险代理、贸易/实业/技术教师、项目经理、数据库经理、信息总监、后勤与供应经理、业务运作顾问、证券经纪人、电脑分析人员、保险代理、普通承包商、工厂主管等。

ESFJ（主人公型）适合的领域：卫生保健、教育、社会服务、咨询、商业、营销、服务业等。适合的典型职业：销售代表、零售业主、房地产代理商、兽医、特殊教育老师、信用顾问、员工援助顾问（EAP）、体能训练师、护士、家庭保健员、个人健康训练师、推拿/理疗师、餐饮业者、营销经理、办公室经理、口笔译人员、旅游代理、食品服务业主、运动教练、商品计划员/采购员、公关客户经理、个人银行业务员、人力资源顾问、接待员、信贷顾问、秘书等。

（3）和谐型（NF型）

这类人包括INFJ、INFP、ENFJ、ENFP，他们注重人际关系、情感、价值观和创造力。他们通常是敏感、同情、理想化和富有想象力的人。

INFJ（博爱型）适合的领域：咨询、教育、科研、文化、艺术、设计等。适合的典型职业：人力资源经理、特殊教育人员、健康顾问、建筑师、健康医师、培训师、职业规划师、组织发展顾问、编辑/艺术指导（杂志、网站）、心理咨询师/治疗师、作家、调解员、宗教教育、营销人员、职位分析人员、口译、社会科学工作者等。

INFP（哲学家型）适合的领域：创作类、艺术类、教育、咨询辅导类、研究、宗教、保健、技术等。适合的典型职业：人力资源师、社会科学工作者、团队建设顾问、职业规划师、艺术指导、建筑师、时装设计师、记者、编辑/美术指导、（网站）口笔译人员、娱乐业人士、法律调解人、推拿医师、心理咨询师、心理学专家、顾问等。

ENFJ（教导型）适合的领域：信息传播、教育、服务业、卫生保健、商业、咨询、技术等。适合的典型职业：人力资源开发培训人员、销售经理、小企业经理、程序设计员、生态旅游业专家、公关专业人士、协调人、作家/记者、非营利机构总裁、广告客户经理、杂志编辑、临床医师、职业规划师、培训专员、大学教授（人文科学）、募捐者、教师、健康从业人员、市场/营销人员、社会工作者、人力资源工作者、电视制片人。

ENFP（公关型）适合的领域：创造性职业、营销、策划、教育、咨询、社会服务、商业等。适合的典型职业：人力资源经理、变革管理顾问、营销经理、培训师、广告客户经理、战略规划人员、发言人、公关、宣传人员、职业规划师、创业导师、研究助理、广告撰稿员、播音员、开发总裁、市场营销和宣传策划、节目策划和主持人、心理学工作者、社会工作者、演讲家、设计师、作家、制片人、自媒体等。

（4）自由型（SP型）

这类人包括ISTP、ISFP、ESTP、ESFP，他们注重实践、体验、自由和冒险。他们通常是充满活力、灵活、实用和随和的人。

ISTP（冒险家型）适合的领域：服务、技术、刑侦、健康护理、商业、金融、手工、贸易等。适合的典型职业：电脑程序员、软件开发商、医疗急救技术员、商业精英、商务专员、警察、武器专家、消防员、海关验货员、体育器材/用品销售商、海洋生物学者、经济学者、证券分析员、银行职员、管理顾问、生理治疗专家、药剂师、园艺服务人员、驯兽员、电子专业人士、技术培训人员、软件开发商、后勤与供应经理等。

ISFP（艺术家型）适合的领域：手工艺、技工、艺术领域、医护领域、科学技术、销售、商业、服务业等。适合的典型职业：护理医师、牙科保健医师、室内/园艺设计师、时装设计师、客户服务代表、测量/检查人员、护士、海洋生物学者、厨师、优先顾客销售代表、行政人员、商品规划师、旅游销售经理、摄影师、驯兽师等。

ESTP（挑战者型）适合的领域：金融、商贸、体育、娱乐、商业等。适合的典型职业：企业家、保险代理、土木工程师、预算分析员、促销商、证券经纪人、运动商品销售员、体能训练师、警察、消防员、情报人员、旅游代理、职业运动员、教练、承包商、医疗急救技术员、新闻记者、电子游戏开发人员、房地产开发商、业务运作顾问、技术培训人员、旅游代理、手工艺人、土木/工业/机械工程师、管理顾问、网络经销、批发/零售商等。

ESFP（表演者型）适合的领域：教育、社会服务、健康护理、娱乐业、商业、服务业等。适合的典型职业：早教、公关专业人士、劳工关系调解人、企业家、零售经理、商品规划师、促销员、团队培训人员、表演人员、社会工作者、牙医、兽医、融资者、旅游项目经营者、特别事件的协调人、旅游销售经理、运动设备销售员、保险代理/经纪人等。

无论你是什么样的人格类型，都没有对错好坏之分，只是对不同工作及环境有不同的适应程度。MBTI16人格更多的是帮助我们更好地了解自己，与他人建立更好的关系。通过了解不同人格类型的特点，我们可以开发更好的沟通技巧，更好地了解他人，并不断提高自己的职业素养和发展潜力。

拓展园地

认识自己

写出你的5个性格特点，再请你的家人、朋友、熟悉的同学也列出你的5个性格特点。对照他们对你的印象和你自己的评价，并就差异进行讨论，填在表2-4中。

表2-4　我眼中的我VS别人眼中的我

活动1	我眼中的自己
请写出你认为最符合自己性格特征的五个性格特点： ______ ______	
活动2	别人眼中的我
我们认识了自己眼中的自己，那么，别人眼中的我们是什么样的呢？不妨听听别人的看法。 采访你的家人、朋友、熟悉的同学，请他们列出你的五个性格特点。他们眼中的你和你眼中的自己有何区别？对此你有什么想法？ ______ ______ ______	

第二节　发现兴趣之光

兴趣是最好的老师，也是职业选择的原动力。强烈而稳定的兴趣是参与活动、发展才能的重要保证。兴趣影响人们工作的满意度、职业稳定性和职业成就感，也是对职业进行分类的重要基础。

一、兴趣与职业兴趣

兴趣是指一个人力求认识、掌握某种事物并经常参与与之相关的活动的心理倾向，或者说兴趣是指人们积极探索某种事物的认识倾向。兴趣的发生、发展一般要经历有趣、乐趣、志趣三个阶段。有趣是指在生活、实践中产生的直接兴趣，往往随生随灭，为时短暂，带有直观性、盲目性和广泛性的特点。因此，这个阶段的兴趣也可称为暂时兴趣或直观兴趣。乐趣是在有趣定向发展的基础上形成的，即对某一客体产生了某种特殊的爱好，具有自发性和坚持性的特点。志趣是兴趣发展的第三个阶段，当人的兴趣与崇高理想和远大奋斗目标结合起来的时候，便由乐趣发展为志趣。志趣具有社会性、自觉性和方向性等特点。

当兴趣的对象指向某一职业时，兴趣就成为职业兴趣。职业兴趣是兴趣在职业方面的表现，是指人们对某种职业活动具有的比较稳定而持久的心理倾向，使人高度关注某种职业，并向往之。如果我们在从事工作时能找到兴趣和满足感，工作就会让我们感到身心愉悦。大量研究表明，兴趣与工作满意度、职业稳定性和职业成就感之间存在着明显的关联。兴趣是人们提升工作满意度、职业稳定性和职业成就感的重要影响因素。因此，职业生涯辅导也普遍将兴趣作为自我认知的一个重要方面，并研制出了多种量表来测量人们的职业兴趣。同时，对于工作世界的划分在很大程度上也是参照对职业兴趣的划分进行的。

职业兴趣与从事的职业相吻合是最理想的状态。一个人如果能根据自己的爱好去选择职业生涯，他的主观能动性将会得到充分发挥。即使十分疲倦和辛劳，也总是兴致勃勃、心情愉快；就算困难重重，也绝不会灰心丧气，依然会想尽各种解决方法，百折不挠地去克服它，甚至为此废寝忘食。因此才有了“兴趣比天才重要”“兴趣是最好的老师”之类的至理名言。

二、兴趣与职业生涯发展的关系

在规划自己的职业生涯时，我们不仅需要知道自己有能力从事什么样的工作，更重要的是需要知道自己对哪类工作感兴趣。

兴趣是职业生涯选择的重要参考依据。一个人只有对某个领域感兴趣，他才会积极地去感知和关注该领域。美国著名华人学者丁肇中教授就曾经深有感触地说：任何科学研究，最重要的是要看对自己所从事的工作有没有兴趣。比如搞物理实验，因为我有兴趣，我可以两天两夜，甚至三天三夜在实验室里，守在仪器旁，我急切地希望发现我所要探索的东西。所以，大学生在进行职业生涯规划时，要将个人的兴趣爱好作为重要的参考因素。

兴趣可以增强人的职业适应性。研究资料表明，一个人如果从事自己感兴趣的工作，就能发挥其全部才能的80％—90％，并且能长时间保持高效率而不感到疲劳；相反，如果对所从事的工作不感兴趣，则他的才能只能发挥20％—30％，而且容易感到疲劳、厌倦。这是因为，兴趣作为一种精神力量，可以调动人的全部精力，使人集中精力去获得知识，克服困难，创造性地开展工作。

兴趣是保证个人职业生涯稳定发展的重要因素。职业兴趣与职业生涯的稳定性有着一定的联系。一般而言，当一个人对自己所从事的职业感兴趣时，就容易从工作中获得满足感，不管遇到什么挫折和困难，都不会轻易放弃，从而保证了职业发展的稳定性。相反，如果对从事的职业不感兴趣，人们对工作的满意度就会降低，职业的稳定性也就无从谈起。这里需要提醒的是，个人对某种职业感兴趣并不意味着他具备这方面的职业能力。因此，兴趣只是职业规划的一种参考，个人不能仅凭兴趣做出职业选择。

美国芝加哥大学心理学教授米哈利花了30多年的时间对几百名各行各业的人进行了

访谈，研究是什么东西真正令人们感到幸福和满足。他发现，当人们专心致志地从事某种活动，甚至忘我地完全沉浸在这种活动中的时候，他们感到最为愉快和满足。对不同的人而言，幸福和满足可能是跳舞，可能是演奏乐器、绘画，也可能是阅读、写作或即兴演讲等。米哈利的这一发现说明，人的满足感、幸福感往往来源于从事某种活动，而不是无所事事或单纯地享乐、游玩。所以，他一直强调，要做自己喜爱的事情，才能获得快乐。

树 洞

1

迷茫的小A：我好像没有什么兴趣，不知道自己到底喜欢什么，怎么办？

学长：每个人都会有自己的喜好。也许你是压抑得太久了，太习惯听从别人的意见，忽略了自己内心的真实感受。你需要尊重自己的独特性，学会聆听自己的心声，不必太在意别人的看法。慢慢地，你会发现原来自己也是有观点和感受的。

另外，也有可能是沉重的课业负担使你还未来得及发展和培养自己的兴趣。你需要在实践中探索。切记：大学不再只是知识学习的场所，更重要的是它提供了一个良好的环境使你成长、成熟。多参加学校的社团活动和社会实践活动，有助于你了解自己，更清楚地认识自己的爱好和特长。

2

迷茫的小B：我的兴趣太多，该怎么选择？

学姐：首先需要澄清你是真的对这些事物都有持久的热情还是只有三分钟热度。如果是前者，那你可能是一位多才多艺的人。祝贺你，因为这样的你有着非比寻常的才能与创造力。你需要考虑的是如何管理好你的时间，以尽可能多地发挥你的才能。

如果你只是像猴子掰苞谷一样不断对新事物产生兴趣，随后又感到厌倦，那有可能是你还没有找到能真正激发你热情的东西，你需要进行更多的尝试。当然，也可能是心理方面的原因，使你难以对任何事物产生持久的兴趣。建议你找一位心理咨询师谈谈。

3

纠结的小C：我现在所学的专业不是我的兴趣所在，除了专升本和换专业，还有别的出路吗？

学姐：当然有！其实，现在许多职业对专业的限制都没有那么多。同一种专业可以从事多种不同的职业，而从事同一种职业的人也可能来自不同的专业。相对于专业知识技能，很多用人单位在招聘时还更看重个人的综合素质。而各种各样的培训班、学历班、继续教育等都可以帮助我们获得工作所需的专业技能。许多大型公司还会为新员工提供专业知识技能培训，因此跨专业找工作并非不可能。

同时，复合型人才越来越吃香。几乎每一种兴趣都可以与某种职业联系起来。你可以考虑一下你的专业和个人兴趣能否结合起来，甚至形成你独一无二的优势。

三、霍兰德职业兴趣理论

约翰·霍兰德（John Holland）是美国约翰·霍普金斯大学心理学教授，美国著名的职业指导专家。他于1959年提出了具有广泛社会影响的职业兴趣理论，认为人的人格类型、兴趣与职业密切相关，兴趣是人们活动的巨大动力。凡是具有职业兴趣的职业，都可以提高人们的积极性，促使人们积极地、愉快地从事该职业，且职业兴趣与人格之间存在很高的相关性。

霍兰德认为人格可分为现实型（R）、研究型（I）、艺术型（A）、社会型（S）、企业型（E）和常规型（C）种类型，如图2-2所示。

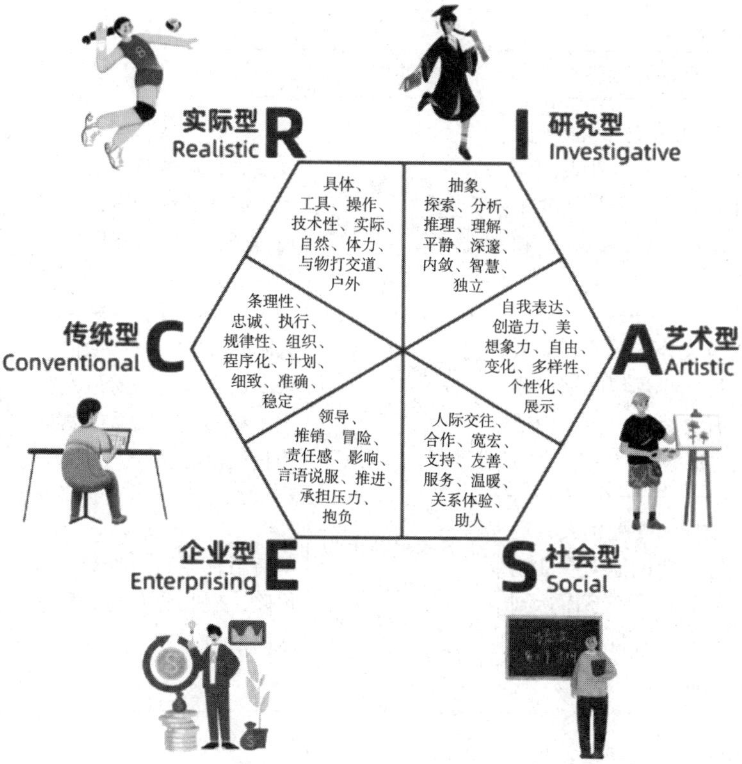

图2-2 霍兰德职业兴趣类型

霍兰德认为，我们每个人与每个职业都是这6种类型的不同比例的组合。当典型个人风格与典型职业环境适配一致时，即实现了最佳的职业选择。如表2-5所示。

表2-5 霍兰德职业兴趣表

类型	喜欢的活动	重视的事项	职业环境要求	典型职业
现实型（R）	用手、工具、机器制造或修理东西，愿意从事事务性的工作体力活动，而不喜欢在办公室工作	具体实际的事务	使用手工或机械技能对物体、工具、机器等进行操作，与“事物”打交道的能力比与“人”打交道的能力更为重要	园艺师、木匠、汽车修理工、工程师、外科医生、足球教练员
研究型（I）	喜欢探索和理解事物学习研究那些需要分析、思考的抽象问题，喜欢阅读和讨论有关科学性的论题，喜欢独立工作，对未知问题的挑战充满兴趣	知识、学习、成就、独立	分析研究问题、运用复杂和抽象的思考创造性地解决问题的能力，谨慎缜密，能运用智慧独立地工作，一定的写作能力	生物学家、化学家、心理学家、工程、设计师、大学教授

续表

类型	喜欢的活动	重视的事项	职业环境要求	典型职业
艺术型（A）	喜欢自我表达，喜欢文学、音乐、艺术和表演等具有创造性、变化性的工作，重视作品的原创性和创意	有创意的想法、自我表达、自由	创造力，对情感的表现能力，以非传统的方式来表现自己，自由、开放	作家、音乐家、摄影师、厨师、漫画家、导演、室内装潢设计师
社会型（S）	喜欢与人合作，关心他人的幸福，愿意帮助别人成长或解决困难，愿意为他人提供服务	服务社会与他人、公正、理解、平等、理想	人际交往能力，帮助他人等方面的技能，对他人表现出精神上的关爱，愿意担负社会责任	教师、社会工作者、心理咨询师、护士
企业型（E）	喜欢领导和支配别人，通过领导、劝说他人或推销自己的观念、产品而达到个人或组织的目标，希望成就一番事业	经济和社会地位上的成功、忠诚、冒险精神、责任	坚持目标导向，敢于承担风险，说服他人或支配他人的能力	律师、营销人员、电视制片人、保险代理
常规型（C）	喜欢固定的、有秩序的工作或活动，希望确切地知道工作的要求和标准，愿意在一个大的机构中处于从属地位，对文字、数据和事物进行细致有序的系统处理以达到特定的标准	准确、有条理、节俭、盈利	能够按时完成工作并达到严格的标准，具有较强的文书技巧，听取并遵从指示的能力	编辑、会计师、税务员、计算机操作员

四、培养职业兴趣的途径和方法

在人生的长河中，职业兴趣如同指引我们前行的灯塔，照亮我们前行的道路，让我们在职业的海洋中不迷失方向。培养职业兴趣，不仅是对个人潜能的深入挖掘，更是对人生价值的追求与实现。它让我们在工作的过程中，感受到激情与动力的源泉，体验到成长与进步的喜悦。因此，我们应当珍视并努力培养自己的职业兴趣，让它在我们的职业生涯中绽放出绚丽的光彩。

培养职业兴趣是一个重要且持续的过程，它可以帮助我们更好地理解和热爱我们所从事的工作。以下是一些培养职业兴趣的途径和方法。

自我探索：首先，你需要了解自己的性格、技能、价值观和兴趣所在。这可以通过参加职业咨询、进行自我评估或参加一些心理测试来实现。通过自我探索，你可以找到与你的个性和兴趣相匹配的职业领域。

了解职业领域：深入研究你感兴趣的职业领域，包括其工作内容、发展前景、所需技能等。你可以通过阅读相关书籍、文章，参加行业讲座和研讨会，或者通过网络等途径获取信息。

实践体验：通过实习、兼职或志愿者工作等方式，亲自体验你感兴趣的职业。实践不仅可以让你更深入地了解这个职业，还可以帮助你发现自己的潜力和兴趣点。

参加职业培训：参加与你感兴趣的职业相关的培训课程，提升自己的专业技能和知识水平。这不仅可以增强你在该领域的竞争力，还可以让你更深入地了解这个职业的各个方面。

寻找导师：寻找一位在你感兴趣的职业领域有丰富经验的人作为导师，向其请教和学习。导师可以为你提供宝贵的建议和指导，帮助你更好地了解这个职业并找到发展方向。

保持积极心态：保持对工作的热情和好奇心，不断挑战自己并寻求新的学习机会。同时，要学会从失败中吸取教训，保持积极向上的心态。

建立职业网络：加入与你感兴趣的职业相关的社团或在线社区，与同行交流经验和心得。这不仅可以拓宽你的视野，还可以为你提供更多的职业机会和资源。

拓展园地

职业个性测试

测试目的：协助了解自己的个性特点、职业兴趣和职业倾向，以便及早为自己的职业生涯做好规划。

操作程序：

【1】职业个性测试有60道题目，如表2-6。

表2-6 职业个性测试表

R	C	E	S	A	I
1	2	3	4	5	6
7	8	9	10	11	12
13	14	15	16	17	18
19	20	21	22	23	24
25	26	27	28	29	30
31	32	33	34	35	36
37	38	39	40	41	42
43	44	45	46	47	48
49	50	51	52	53	54
55	56	57	58	59	60

【2】如果你认为自己属于以下题目描述的这一类型的人，便在序号上画个圈；反之，不作记号。

1. 喜欢自己动手做一些具体的能直接看到效果的工作。

2. 我喜欢弄清楚做一件事情的具体要求，以明确如何去做。

3. 我认为追求的目标应该尽量高些，才可能在实践中多获成功。

4. 我很看重人与人之间的友情。

5. 我常常寻求独特的方式来表达自己的创造力。

6. 我喜欢阅读比较理性的书籍。

7. 我喜欢把生活与工作场所布置得朴实些、实用些。

8. 开始做一件事情以前，我喜欢有条不紊地做好所有准备工作。

9. 我善于带动他人、影响他人。

10. 为了帮助他人，我愿意做些自我牺牲。

11. 我进入创造性工作时，会忘却一切。

12. 在我找到解决困难的办法之前，通常我不会罢手。

13. 我喜欢直截了当，不喜欢说话婉转。

14. 我比较善于注意和检查细节。

15. 我乐于在所从事的工作中担任主要负责人。

16. 在解决个人问题时，我喜欢找他人商量。

17. 我的情绪容易激动。

18. 一接触到有关新发明、新发现的信息，我就会感到兴奋。

19. 我喜欢在户外工作与活动。

20. 我喜欢有规律、干净整洁的生活。

21. 每当要做重大的决定之前，我总觉得异常兴奋。

22. 当别人叙述个人烦恼时，我能成为一个很好的倾听者。

23. 我喜欢观赏艺术展和优秀的戏剧与电影。

24. 我喜欢研究所有的细节，然后再做出合乎逻辑的决定。

25. 我认为手工操作和体力劳动永远不会过时。

26. 我不大喜欢由我一个人来做重大决定。

27. 我善于和能为我提供好处的人来往。

28. 我善于调节他人之间的矛盾。

29. 我喜欢比较别致的着装，喜欢新颖的色彩与风格。

30. 我对大自然的各种奥秘充满好奇。

31. 我不怕干体力活，通常还知道如何巧干体力活。

32. 在作决定时，我喜欢保险系数比较高的方案，不喜欢冒险。

33. 我喜欢竞争与挑战。

34. 我喜欢与人交往，以丰富自己的阅历。

35. 我善于用自己的工作来体现自己的情感。

36. 在动手做一件事情以前，我喜欢在脑中仔细思索几遍。

37. 我不喜欢购买现成的物品，希望能买到原材料自己做。

38. 只要我按照规则做了，心里就会踏实。

39. 只要有成果，我愿意冒险。

40. 我通常能比较敏感地觉察他人的需求。

41. 音乐、绘画、文字等任何优美的东西特别容易给我带来好心情。

42. 我把受教育视为贯穿一生并不断提高自我的过程。

43. 我喜欢把东西拆开，然后再使之复原。

44. 我喜欢让每一分钟都过得有意义。

45. 我喜欢启动一项项工作，而让他人去负责具体细节。

46. 我喜欢帮助他人提高学习能力。

47. 我很善于想象。

48. 有时候我能独坐很长时间来阅读、思考或做一件有难度的事情。

49. 我不怎么在乎干活时弄脏自己。

50. 要能仔细、完整地做完一件事情，我就感到十分满足。

51. 我喜欢在团体中担当主角。

52. 如果我与他人有了矛盾，我喜欢采取和平的方式加以解决。

53. 我对环境布置比较讲究，希望哪怕是一般的色彩、图案都能赏心悦目。

54. 哪怕明知结果会与我的期盼相悖，我也要探究到底。

55. 我很看重有健壮、灵活的身体。

56. 如果我说了我来做，我就会把这件事情彻底做好。

57. 我喜欢谈判，喜欢讨价还价。

58. 人们喜欢向我倾诉他们的烦恼。

59. 我喜欢提出有创意的新的主意。

60. 凡事我都喜欢问“为什么”。

【3】根据每一栏画圈的多少将排前三位的栏目顶上的字母列出来。

第一：______________________________

第二：______________________________

第三：______________________________

【4】根据霍兰德职业兴趣表，找到自己的个人风格。

第三节 挖掘潜能之泉

认识自己，弄明白自己到底有什么样的能力，凭什么在激烈的就业竞争中胜出，就业后能为单位做什么是每一个大学生在毕业求职时都要思考的问题。能力是用人单位最关心的问题，也是我们最需要证明的。发现、培养和展示自己的能力，是我们在劳动力市场竞争中脱颖而出的关键。

一、能力与职业生涯的关系

能力与个人的职业满意度、工作适应性以及职业稳定性具有直接的关系。当工作环境能够满足个人的需要时，个人会感到“内在满意”；而当个人能够满足工作的心理要求时，个人能够达到“外在满意”（即令自己的雇主、同事感到满意）。当个人能够同时达到内在和外在满意时，个人与环境之间的关系就比较协调，个人的工作满意度会比较高，在该领域也能持久发展。而在对“内在满意”和“外在满意”这两个指标的衡量当中，能力都占有很重要的地位。对“外在满意”主要可以通过衡量个人职业技能与工作技能要求之间的配合程度来进行评估；而对“内在满意”，则主要通过衡量个人价值观与企业文化及奖惩制度之间的适配性来评估。

做自己能够胜任的工作，培养和发展自己的能力，发挥个人的潜能，常常是个人选择职业时希望能够得到满足的需求。

二、能力和职业能力

一个人在能力和工作的要求相匹配时，最容易发挥自己的潜能，并且获得一种满足的感觉。相反，一个人去做自己力所不能及的工作时，就会感到焦虑，甚至产生挫败感。而一个人能力超出工作要求太多时，又容易感到工作缺乏挑战，比较乏味。因此，在选择职业时，我们同样要寻求个人能力与职业技能要求的适配。我们需要清楚能力有哪些分类，从而清楚自己具备什么样的能力、职业又有什么技能要求。

（一）能力及其分类

能力，就是指顺利完成某一活动所必需的主观条件，是直接影响活动效率，并使活动顺利完成的个性心理特征。划分的角度不同，能力的种类就不同。这里我们可将能力分为以下几类。

1. 一般能力和特殊能力

按照能力的适应性，可将能力分为一般能力和特殊能力。前者是指有效地掌握知识和完成各种活动所必不可少的能力，包括智力、注意力、观察力、记忆力、想象力等；后者是指从事某项专业活动所需要具备的能力，通常也称特长，如计算能力、音乐能力、运动协调能力、语言表达能力、空间判断能力等。

2. 职业能力和非职业能力

从与职业的相关性来看，能力可以分为职业能力和非职业能力。前者是指在职业活动中发展起来的，直接影响职业活动效率，使职业活动得以顺利完成的心理特征。后者指并非从事某项职业所必须具备的能力。

3. 现实能力和潜在能力

按照能力表现程度的不同，可以将能力分为现实能力和潜在能力。前者是已经达到某种熟练程度、表现出来的能力；后者指尚未表现出来的心理能力，或通过学习或训练后可能发展起来的能力与可能达到的某种熟练程度。

4. 能力倾向和技能

按照能力获得方式的不同，可以分为能力倾向和技能。前者是指那些先天具备的而并不依赖专门的教学或训练的，影响某一类活动的个性心理特征。比如，言语运用能力、身体控制能力、听觉表象能力都属于能力倾向。后者是指经过后天的学习和练习培养而形成的能力，如阅读能力、人际交往能力、表达能力等。

5. 自我效能感

所谓自我效能感，是指个人对自己的能力，以及运用该能力将得到何种结果所持的信心和把握程度。研究发现，在实际生活和工作中，对个人行为起决定作用的往往不是个人实际能力的高低，而是个人的自我效能感。

(二)职业能力及其分类

通常认为职业能力是人们从事其职业的多种能力的综合，也是个体将所学的知识、技能和态度在特定的职业活动或情境中进行迁移与整合所形成的能完成一定职业任务的能力。职业能力包括两个方面：一般职业能力和专业职业能力。

一般职业能力主要是指认知能力、文字语言表达能力、空间判断能力、手眼协调能力等。此外，大部分职业岗位的工作都需要与人打交道，因此，人际交往能力、团队协作能力、对环境的适应能力以及遇到挫折时的良好心理承受能力都是我们在职业活动中不可缺少的能力。面对全球化、信息化的竞争，计算机应用能力和外语交流能力也成为一般职业能力，决定着一个人将来职业选择的空间和灵活性。一般职业能力是每位职场人士需要具备和不断提高的能力，是职场人士成功的基础，故大学生需要在日常学习、生活和工作中不断积累提高职业能力。

专业职业能力主要是指从事某一职业的专业能力。专业职业能力是在专业知识和技能的基础上，有目的、符合专业要求、按照一定方法独立完成工作任务、解决问题和评价结果的热情和能力，具有职业特殊性。就工作与专业的关系而言，有专业对口型、专业相关型和专业无关型。专业对口型是从事与专业紧密相关的工作。因此，工作对专业能力要求非常高，一般以工科居多；专业相关型指从事与专业有一定关系的工作，以文学、历史、哲学居多；专业无关型指从事的工作与专业几乎毫无联系，以经济管理类居多。大学生在职业生涯规划中，如果立志从事与专业密切相关的技术性岗位，则在校学习期间就必须花大量的时间培养将来胜任岗位的专业能力。

(三)技能

技能是指通过练习获得的能够完成一定任务的动作系统。按其性质和表现特点，可区分为如书写、骑车等活动的动作技能和演算、写作等智力技能两种。技能形成过程中，各种技能动作会相互影响。已形成的技能若促进新技能的形成，叫技能正迁移。如果已形成的技能阻碍了新技能的形成，叫技能干扰或技能负迁移。

辛迪·梵和理查德·鲍尔斯将技能分为三种类型：知识技能、自我管理技能、可迁移技能（或称通用技能）。

1. 知识技能

知识技能是指那些需要通过教育或者培训才能获得的特别的知识和能力，也就是个人所学的科目、所懂的知识。他们常常与专业学习或工作内容直接相关。知识技能是不可迁移的，它们是一些特殊的词汇、程序和学科内容，必须经过有意识的、专门的培训才能掌握。

在招聘中，专业知识技能并不是用人单位所重视的唯一技能。当前，许多学生选修很多的课程，在校外参加各种培训班并考取一大堆证书来“充实”自己的简历，但往往忽视了自我管理技能和可迁移技能的培养和发展。从用人单位对大学生的反馈中，我们可以看出：大学生通常不乏知识技能，但常常缺少敬业精神、沟通能力等自我管理技能和可迁移技能。因此，大学生在校期间，一定要在学好专业知识的基础上，加强对自我管理技能和可迁移技能的培养。

需要注意的是，技能的组合更为重要。通常我们所说的“复合型人才”，正是指具有不同知识技能的人。技能的组合使得我们在人才市场上更具有竞争力，也更有可能将工作完成好。例如，如今医学院校毕业的大学生很多，但内、外、妇、儿等都精通的全科医疗人才就很少了。而随着我国医疗卫生事业的改革和医疗资源在城乡之间的不断均衡发展，大有用武之地的广阔农村将亟须大量愿意扎根农村、献身医疗事业的全科医生。

2. 自我管理技能

自我管理技能涉及个体在不同环境下如何管理自己，如是勇于创新还是循规蹈矩，是认真还是敷衍了事，能否在压力下保持镇定，是否对工作有热情，是否自信等。

3. 可迁移技能

可迁移技能就是可迁移的通用技能，是在某一环境条件下获得的，可以有效地迁移应用到其他不同的环境中去的技能，是个人能够持续运用和最能够依靠的技能。可迁移技能主要在日常生活中获得并不断得到提升，且在许多领域里都可以得到进一步的完善和增强。所有的学生都可以通过正式教学活动或其他活动来发展这些技能。

与知识技能相比，可迁移技能无所谓更新换代，而且无论你的需求和工作环境有什么样的变化，它们都可以得到应用。从总体上看，可迁移技能具有可迁移性、普遍性和实用性。可迁移技能主要有以下几种。

交流表达能力：通过口头或书面形式，以及其他适当形式，准确清晰地表达主体意图，与他人进行双向（或者多向）信息传递，以达到相互了解、沟通的能力。

数学运算能力：运用数学工具获取、采集、理解和运算数字符号信息，以解决实际工作中的问题的能力。

创新能力：在前人发现或者发明的基础上，通过自身努力，创造性地提出新的发现、发明或者改进革新方案的能力。

自我提高能力：在学习和工作中自我归纳、总结，找出自己的强项和弱项，扬长避短，不断加以自我调节改进的能力。

与人合作的能力：与他人相互协调配合、相互帮助的能力，包括正确认识自我，尊重与关心别人，能对他人的意见、观点、做法采取正确的态度。

解决问题的能力：在工作中把理想、方案、认识转化为操作或工作过程和行为，并最终解决实际问题、实现工作目标的能力。

组织策划能力：计划、决策、指挥、协调的能力。

信息处理能力：运用计算机处理各种形式的信息资源的能力。

外语应用能力：在工作或交往活动中实际运用外语的能力。

学习能力：善于发现并记录，坚持不懈克服困难、继续学习的能力。

管理能力：管理自己、他人、信息和任务的能力。

这些能力对大学生就业和获得自身发展具有重要作用，在校大学生应努力培养良好的可迁移技能。

三、职业能力培养

每个人都会拥有多种能力，然而如何有效地管理这些能力，使之在职业发展中发挥最大效用呢？

根据能力的高低以及个人的喜好，我们可以将其划分为优势、退路、潜能和盲区，并对这些能力进行有针对性的管理、培养与提升。

（一）优势

优势能力，即你现在所具备的核心能力，是你在职场中脱颖而出的关键。对于这部分能力，你需要做到持续精进，不断提升其水平，确保它具备足够的竞争力。同时，你还需要“刻意”使用这些能力，主动展现并传播，让更多人看到你的才华和实力，从而将其打造成为你的“个人品牌”。这样，你的优势能力将为你带来更多的机会和资源，助你在职业生涯中取得更大的成功。

（二）退路

退路能力，是指你过去曾经运用得很好的能力，这些能力在生存阶段被迫锻炼出来，是你职业发展的坚实基础。对于这部分能力，你需要定期回顾和练习，确保自己仍然能够熟练掌握。同时，你也可以尝试对这些能力进行重新定位，探索它们是否有进一步发展的可能，或者思考如何将它们与你感兴趣的其他能力相结合，发挥更大的效用。通过这样的方式，你可以充分利用退路能力，为职业发展提供有力支持。

（三）潜能

潜能，是你希望未来能够具备的优秀能力，其虽然目前尚未达到理想水平，但具有巨大的发展潜力。对于这部分能力，你需要投入更多的时间和精力进行学习和提升。需要注意的是，人的精力是有限的，因此在同一时间内，建议将学习重点聚焦在少数几个能力上，这样更容易取得显著成效。例如，如果你对设计领域感兴趣但能力不足，那么你需要先接受自己当前的状态，然后制订明确的学习计划，投入时间和精力进行学习和实践，通过不断练习来提升自己的设计技能。

（四）盲区

盲区能力，即你目前尚未掌握或不够擅长的能力，这些能力可能是你职业发展的短板。对于这部分能力，你需要正视自己的不足，并寻求改进和提升的方法。有时候，你的能力盲区可能正是他人的优势所在，因此你可以通过与他人合作或寻求专业指导来弥补这些不足。同时，你也可以考虑将与这些能力相关的任务授权给擅长此领域其他人来完成，以充分发挥团队的优势。

思考与练习

探索我的技能

1. 填空

按照下面的格式填写三件你能做的事情，并解释为什么。例如：

我可以做研究，因为我很细心，有专业知识。

我可以做讲师，因为我的表达能力很强。

我可以写作，因为我善于深刻思考。

我可以__________________，因为__________________。

我可以__________________，因为__________________。

我可以__________________，因为__________________。

2. 技能探索

专业知识技能可以用名词来表示，可迁移技能可以用动词来表示，自我管理技能用形容词或副词来表示。

请根据你自己对自身的认知、他人（如你的父母、朋友或实习中的同事）对你的认可，写出你所具备的技能。

我的专业知识技能是（名词）：

____

____

____

____

我的通用技能是（动词）：

____

____

我的自我管理技能是（形容词或副词）：

3. 技能的重要性

在三种技能中，请根据技能的重要性排序。能否用某一种事物形象地揭示三种技能间的关系？请用图示的方式展示你的结论。

4. 技能的核心概括

你能否用一个新的概念概括通用技能和自我管理的技能？请写出这个概念。

第三章

价值之锚：价值观定位

学习目标

1. 认识价值观对个人职业选择和发展的影响。

2. 在职业规划中能重视对个人价值观的澄清。

3. 认识价值观与个人需要及人生不同阶段目标之间的关系。

4. 在进行职业选择和决策时，能够有意识地考虑价值观因素的影响，正视并合理地看待自己的价值观。

一座灯塔

新时代的广大共青团员，要做理想远大、信念坚定的模范，带头学习马克思主义理论，树立共产主义远大理想和中国特色社会主义共同理想，自觉践行社会主义核心价值观，大力弘扬爱国主义精神。

——习近平在庆祝中国共产主义青年团成立100周年大会上的讲话

一面镜子

小蒋是英语专业大三的学生。她看到自己的表哥在一家外企工作，表面上“风光无限好”，其实非常辛苦，加班到深夜两点是常有的事。她很疑惑：自己是否也要找一份收入可观但很累的工作？

小林是管理学专业的大三学生。父母希望他毕业后能找个离家近一些、相对安稳的工作。可是从小敢拼敢闯的性格和三年学生干部的经历让他觉得自己应该趁着年轻出去闯一闯。是顺从父母的意见还是坚信走自己的路，他很纠结。

他们都有相同的困惑：我真正需要的是什么？鱼与熊掌，哪个是鱼，哪个是熊掌？什么是好工作？什么是最适合自己的工作？在哪项工作中，我能真正开开心心投入并实现自己的价值？

价值观和职业价值观，作为个体内在的精神支柱和行动指南，在塑造我们的职业道路和人生轨迹中发挥着举足轻重的作用。价值观是我们对于是非、善恶、美丑的基本判断标准，它决定了我们的行为准则和道德底线；而职业价值观则是在特定职业领域内，我们所秉持的价值观念和职业追求，它指引我们在职业生涯中做出正确的选择和决策。

价值观与职业价值观紧密相连，相互影响。一方面，个体的价值观会对其职业选择和发展产生深远影响。一个拥有积极向上价值观的人，往往能够在职业生涯中保持坚定的信念和不懈的追求，不断突破自我，实现职业价值。另一方面，职业价值观的形成和发展也会反过来影响个体的价值观。在职业实践中，我们会不断遇到各种挑战和机遇，这些经历会让我们对自己的价值观进行反思和调整，进而完善我们的职业价值观。

在当今社会，随着经济的快速发展和职业竞争的日益激烈，价值观和职业价值观的重要性愈发凸显。一个拥有正确价值观和职业价值观的人，不仅能够在职业生涯中取得优异的成绩，还能够为社会的发展贡献自己的力量。因此，我们需要认真思考和审视自己的价值观和职业价值观，明确自己的职业追求和价值取向，以更好地适应职业发展的需求，实现个人和社会的双赢。

第一节 寻觅内心的罗盘

价值观，作为我们内心深处对于是非、善恶、美丑的基本判断标准，是我们行为决策的核心指导原则。它犹如一座灯塔，照亮我们前行的道路，引导我们在纷繁复杂的人生旅程中坚定方向，做出正确选择。

然而，随着社会的不断发展和变化，我们的价值观也面临着前所未有的挑战和冲击。在信息爆炸的时代，各种价值观念交织碰撞，使得我们时常感到迷茫和困惑。我们可能会在面对各种选择时感到犹豫不决，不知道应该如何取舍；也可能会在受到外界诱惑时迷失自我，背离内心的真实追求。

因此，价值观澄清显得尤为重要。它意味着我们需要深入反思自己的内心世界，审视自己的价值观念和信仰体系，明确自己的核心价值和追求。通过价值观澄清，我们可以更加清晰地认识自己，明确自己的人生目标和职业追求，从而做出更加明智和坚定的决策。

一、价值观

(一)价值观的界定

价值观通过人们的行为取向及对事物的评价、态度反映出来，引导着人们认识世界、自我了解、自我定向、自我设计等，指向我们一生中最重要的东西。因此，它也是一套自我激励机制。

马斯洛提出，人有五个层次的需求：生理需求、安全需求、归属需求、尊重需求和自我实现的需求。只有当低层次的需求得到基本满足后，个人才能关注并致力于满足更高一层次的需求。这些需求是强大的内在驱动力，我们所做的事情正是为了满足这些需求。我们的需求在生活中反映出来，就体现为我们的价值观。所以，价值观就是我们在工作和生活中所看重的原则、标准或品质，是个体行为背后的深层动机，对个体的职业选择和发展有重要的激励和影响作用。简言之，价值观就是你在乎的、觉得重要的或是想要追求的。它指向我们一生中最重要的东西。

比如，有些学生比较重视工作能带给自己多少收入，而有些学生可能更多地考虑要做自己喜欢的工作。这两者的不同在很大程度上可以归因于他们所处的需求层次不同，前者在生理、安全的层次上，而后者在较低层次的需求已经得到满足的情况下，追求“归属”“自我尊重”“自我实现”。

（二）价值观的特性

价值观是后天形成的，是通过社会化培养起来的。家庭、学校等群体对个人价值观的形成起着关键的作用，其他社会环境也对其有重要的影响。个人价值观有一个形成过程，是随着知识的增长和生活经验的积累而逐步确立起来的。个人的价值观一旦确立，便具有相对稳定性，形成一定的价值取向和行为方式，是不易改变的。但就社会和群体而言，由于人员的更替和环境的变化，社会或群体的价值观念又是不断变化着的。传统价值观会不断地受到新价值观的挑战，这种价值冲突总的趋势是前者逐步让位于后者。价值观的变化是社会改革的前提，又是社会改革的必然结果。

价值观具有以下特点：

第一，价值观取决于人生观和世界观。一个人的价值观是在家庭和社会的影响下逐步形成的，包括父母的价值观、社会的价值观、民族和传统文化、受教育经历、宗教信仰以及朋友和伙伴的影响等。一个人所处的社会生产方式及其所处的经济地位，对其价值观的形成有决定性的影响。

第二，价值观具有相对稳定性和持久性，是人们思想认识的深层基础。也就是说，在特定的时间、地点、条件下，人们对某种事物的看法和评价总是相对稳定和持久的。

第三，价值观在特定的环境下又是可以改变的。由于环境的改变、经验的积累、知识的增长，人们的价值观也会随之改变，这是毋庸置疑的。

拓展园地

我的“白日梦”

1. 如果我有100万元，我将做如下支配：

（1）____；

（2）____；

（3）____。

2. 在生活中我最想得到的是：

（1）____；

（2）____；

（3）____。

3. 如果我在大火中只能救出三件东西，它们是：

（1）____；

（2）____；

（3）____。

4. 我最期待从工作中获得：

（1）____；

（2）____；

（3）____。

（三）职业价值观

个人价值观在职业问题上的反映就是职业价值观。生涯大师舒伯认为，职业价值观是个人追求的与工作有关的目标，亦即个人在职业上所看重的工作特质或属性。国内专家黄希庭等认为，职业价值观是人们对社会职业的需求表现出来的评价，它是人生价值在职业问题上的反映。简言之，职业价值观就是人们对待职业的一种信念和态度，或者在职业生涯中表现出来的一种价值取向，它表明了一个人通过工作所要追求的理想是什么。

由于个人的身心条件、年龄阅历、教育状况、家庭和环境影响以及兴趣爱好的不同，人们对各种职业的主观评价也不同。不同的人由于价值观不同，对具体职业和岗位的选择也就不同。如有人喜欢同人打交道的职业，有人喜欢同物打交道的职业，有人喜欢充满挑战的职业，有人喜欢安全平稳的职业，等等。不同的人喜欢不同的职业，正是职业价值观的体现。因此，认真分析和了解个人的职业价值观，对正确开展职业生涯规划有重要的意义。

根据不同的划分标准，人们对职业价值观的种类划分也不同。美国心理学家洛特克在其所著《人类价值观的本质》一书中提出了如下价值观：成就感、审美追求、挑战、健康、收入与财富、独立性、爱、家庭与人际关系、道德感、欢乐、权力、安全感、自我成长和社会交往。

职业价值观可分为如下12类：

（1）收入与财富。工作能够明显有效地改变自己的财务状况，将薪酬作为选择工作的重要依据。工作的目的或动力主要来源于对收入和财富的追求，并能以此改善生活质量，显示自己的身份和地位。

（2）兴趣特长。以自己的兴趣和特长作为选择职业最重要的因素，能够扬长避短、趋利避害、择我所爱、爱我所选，可以从工作中得到乐趣，得到成就感。在很多时候，会拒绝做自己不喜欢、不擅长的工作。

（3）社会地位。对社会地位有较高的欲望，希望能够影响或控制他人，使他人按自己的意思去行动；认为有较高的社会地位会受到他人尊重，从中可以得到较强的成就感和满足感。

（4）自由独立。工作时间能有弹性，不想受太多的约束，可以充分掌握自己的时间和行动；不想与太多人产生工作关系，既不想管理人也不想受制于人。

（5）自我成长。工作能够给予自己受培训和锻炼的机会，使自己的经验与阅历能够在一定的时间内得以丰富。

（6）自我实现。工作能够提供平台和机会，使自己的专业和能力得以全面运用和施展，实现自身价值。

（7）人际关系。将工作单位的人际关系看得非常重要，渴望能够在一个和谐、友好甚至被关爱的环境工作。

（8）身心健康。工作能够免于危险、过度劳累，免于焦虑、紧张和恐惧，使自己的身心健康不受影响。

（9）环境舒适。工作环境舒适宜人。

（10）工作稳定。工作相对稳定，不必担心经常出现裁员和辞退现象，免于经常奔波找工作。

（11）社会需要。能够根据组织和社会的需要响应某一号召，为集体和社会做出贡献。

（12）追求新意。希望工作的内容经常变换，使工作和生活显得丰富多彩，不单调枯燥。

拓展园地

有关“工作”的联想

1. 请写下“我所希望做的工作”。

（1）____________________________________；

（2）____________________________________；

（3）____________________________________。

2. 请思考：对于金钱、社会地位、安全稳定性、个人兴趣的满足等因素，你在工作中比较看重的是什么？写下你所想的并与同学交流分享。

（1）____________________________________；

（2）____________________________________；

（3）____________________________________。

（四）职业价值观与职业生涯规划

在我们为自己做职业生涯规划之前，一定要清楚和明确自己的价值观和职业价值观。价值观和职业价值观决定了哪些因素对你是重要的，哪些是不重要的；哪些是你优先考虑和选择的，哪些不是。

对自己的价值观，特别是职业价值观进行分析时，可以参照价值观类型，判断自己的价值观到底属于哪一种。其实，我们可以把不同职业价值观的内容加以归结，根据他们所体现的主要方面，来确定自己的职业价值观中主要的因素是什么。张再生教授把这些因素总结为三类，并认为职业价值观的分析可以从以下三个方面展开：第一，发展因素，包括符合兴趣爱好、机会均等、公平竞争、工作有挑战性、能发挥自身才能、工作自主性大、能提供培训机会、晋升机会多、专业对口、发展空间大。这些职业要素都与个人发展有关，因此其被称为发展因素。第二，保健因素，包括工资高、福利好、保险全、职业稳定、工作环境舒适、交通便捷、生活方便等。这些职业要素与福利待遇和生活有关，因此被称为保健因素。第三，声望因素，包括单位知名度、单位规模大、行政级别和社会地位高等。这些职业要素都与职业声望、地位有关，因此被称为声望因素。

职业价值观是一个复杂的、多维度的心理因素，对职业的选择和衡量有多种要素的参与，但各要素起的作用是不同的。从实际来看，许多调查显示，大学生的职业价值观越来越重视发展因素，而对保健因素和声望因素的重视程度则因人而异，差别较大。

在职业价值分析和测定过程中，个人必须处理好职业价值观不同要素之间的关系，并根据不同时期、不同情况明确自己的职业核心需求，以便合理制订自己的职业生涯规划和相关策略。

当人们按照自己的价值观生活时，会得到最大程度的满足感。一个人越清楚自己的价值观，越了解自己在工作和生活中想要寻求什么、什么对自己来说是最重要的，他的生涯发展目标也就越清晰。

二、价值观澄清

（一）为什么要进行价值观澄清

价值观无论在人生还是职业发展中都起着极其重要的作用，甚至超过了兴趣、性格的影响。价值观是后天形成的，生活中的重要人物，比如父母、同学、师长等人的价值观也会对个人的价值观产生重要的影响，重要的不是去评判这些价值观的对错，而是去考量它们给自己的生活和职业发展带来的影响，并适时做出调整。

同时也需要认识到：很少有工作能完全满足一个人所有的重要价值观。我们总是要不断地妥协和放弃。这是不可避免的，也是必要的。只有对自己的价值观进行澄清和排序，才能知道如何取舍。

（二）怎样进行价值观澄清

请回想一下过去一两个月内你做出的5个相对重要的决定。比如：你是如何分配自己的时间、精力和金钱的？你希望如何分配它们，而实际上又把它们花在了什么方面（如果必要，你也可以从现在开始每天对此进行记录，在一周之后再进行回顾，以便得出更准确的结果）？你和什么样的人相处？你做了一些什么样的事情？在一些举棋不定的事情上，你最终做出了什么样的选择？

当你回顾这些决定时，脑中是否浮现出来一种生活模式？这样的生活状态是你想要的吗？如果答案是肯定的，那么你找到了自己的价值观；如果答案是否定的，那就要考虑调整自己的选择，以求符合自己的价值观。

回答这些问题，就是价值观澄清。价值观澄清需要投入时间和精力。但这样的投入是值得的，因为它会有助于个人从整体出发，更好地为自己的全面发展做出考虑和选择。当你依照符合自己健康发展要求的真实价值观行动时，会感到很满足。

拓展园地

职业价值观清单

1. 对下列价值观关键词语，写下你自己的理解并作出选择。

□ 人际关系/归属感、团队合作

□ 物质保障/高收入

□ 稳定

□ 安全

□ 创造性

□ 多样性和变化性、新鲜感

□ 自由独立（时间、工作任务）

□ 被认可

□ 受尊重

□ 能帮助他人

□ 能发挥自己的才能

□ 成就感

□ 成功

□ 获得较高的社会地位

□ 自主、独立

□ 有学习/发展/成长的机会

□ 领导/影响他人

□ 挑战性

□ 冒险性

□ 名誉

□ 信仰

☐ 健康

☐ 亲密关系

☐ 朋友

☐ 家庭

☐ 工作环境

☐ 符合自己的道德观

☐ 竞争

☐ 自由

☐ 工作与生活平衡

（1）“我”认为最重要的价值观是：

①________________________；

②________________________；

③________________________；

④________________________；

⑤________________________。

（2）“我”认为不重要的价值观是：

①________________________；

②________________________；

③________________________；

④________________________；

⑤________________________。

（3）“我”认为介于重要和不重要之间的价值观是：

①________________________；

②________________________；

③________________________；

④________________________；

⑤____。

2. 真实价值观澄清。

（1）将上述的“我认为最重要的价值观”，分别写在五张小纸条上。如果你认为还有其他需要补充的重要价值观也可以再补充。

（2）如果你不得不放弃其中的一条，你会放弃哪一条？将你准备放弃的价值观的纸条与其他人交换。

（3）保留刚才别人给你的纸条，放在一边。如果再次选择，逐一放弃并与他人交换其余四条价值观，你会放弃哪一条？

（4）最后一条是不是你无论如何也不愿放弃的？它是什么？请将它牢牢记在心里。

在个人价值观的探索活动中，可能有人会发现自己对价值观的取舍和排序是一个艰难的过程，甚至在做完了这个活动之后，仍然不清楚自己想要的是什么。比如在“价值观市场”交换到最后，可能有人发现自己留下来的最后一条价值观也不是对自己真正重要的。出现这样的情况也很正常。因为大学生自身还正处在建立和形成个人价值观的生涯探索期，出现一些模糊不清的状况也是难免的。重要的是，我们每个人有必要对自己的职业和生活进行不断思考和探索，一次次地澄清，渐渐发现自己真实的价值观追求。

第二节　锚定职业的价值坐标

职业锚，作为个体在职业生涯中坚守的核心技能与价值观的结合体，是我们在职业海洋中稳定航行的定海神针。它代表了个人在职业选择和发展过程中，无论如何都不会放弃的至关重要的东西。无论是对专业技能的提升，还是对工作态度的坚守，抑或是对职业理想的追求，职业锚都深深烙印在我们的职业生涯中，成为我们不断前行的内在动力。

在快速发展的现代社会中，职业环境和机会都在不断变化，但职业锚却如同指南针一般，指引我们穿越职业迷雾，找到真正适合自己的职业方向。它帮助我们认清自己的优势和劣势，明确自己的职业目标和价值追求，从而做出更加明智的职业决策。

同时，职业锚也是我们应对职业挑战和变革的重要支撑。当面临职业转型或职业危机时，职业锚能够为我们提供坚定的信念和明确的方向，使我们能够在变革中保持定力，在挑战中不断成长。

大学期间，大学生有多种可能性可以自主尝试、主动选择。在这个探索的过程中，要审时度势，厘清专业、职业、事业是本质不同却又联系紧密的三个概念，正确认识自己的专业领域价值与将来可能选择的职业价值，找到属于自己的“职业锚”，从而合理分配大学生活的时间与资源，有效衔接眼下的学习与未来的事业。

拓展园地

干就干一流　争就争第一

“我和工人们一块儿摸爬滚打将近50年。培养更多有理想守信念、懂技术会创新、敢担当讲奉献的产业工人，仍然是我努力的方向。”在山东港口青岛港前湾集装箱码头，71岁的许振超回忆奋斗岁月，心潮澎湃。

许振超，生于1950年，山东荣成人，山东港口青岛港前湾集装箱码头有限责任公司工程技术部固机高级经理，是新时期产业工人的杰出代表之一。1984年，34岁的许振超被选为青岛港第一批集装箱桥吊司机。桥吊司机的工作是在四五十米的高空仅凭左右手控制操纵杆，指挥吊具升降、前进和后退，在集装箱里“穿针引线”。仅有初中文化的许振超立足本职，干一行、爱一行、精一行，练就了“一钩准”“一钩净”“无声响操作”等绝活，并亲手带出“王啸飞燕”“显新穿针”等一大批工人品牌。

“干就干一流，争就争第一”是许振超的座右铭。2003年4月27日，在“地中海法米娅”轮的装卸作业中，振超团队创造了每小时单机效率70.3自然箱和单船效率339自然箱的世界集装箱装卸纪录。此后，他们又先后9次刷新集装箱装卸世界纪录，使“振超效率”成为港航界的一块“金字招牌”，也成为中国港口领先世界的生动例证。

经过改革发展，港口生产方式实现了由劳动密集型向技术密集型的重大转变。在这一过程中，许振超始终有着明确的人生追求：“咱当不了科学家，也要练就一身‘绝活’，做个能工巧匠，无愧于时代，无愧于港口的培养。”经过多次试验，他在冷藏集装箱上加装了节电器，全年节约电费600万元；他领衔组织实施了轮胎吊“油改电”技术改造，填补了技术空白，年节约资金2000万元以上，噪音和尾气排放接近于零。

如今的许振超，仍经常在青岛港“许振超大师工作室”里，和新一代码头工人，围绕自动化集装箱码头技术开展创新工作，他说：“我们不要‘差不多’！要干就尽力做到极致，争取世界领先！”

许振超荣获“全国优秀共产党员”“改革先锋”“全国五一劳动奖章”“全国道德模范”等称号。2009年，当选“100位新中国成立以来感动中国人物”。2019年，当选“最美奋斗者”。

（来源：《人民日报》2021年6月10日第07版。有删改）

职业锚理论产生于在职业生涯规划领域具有“教父”级地位的美国麻省理工学院斯隆商学院、美国著名的职业指导专家埃德加·H.施恩教授领导的专门研究小组，是在对该学院毕业生的职业生涯研究中演绎成的。斯隆管理学院的44名MBA毕业生，自愿形成一个小组，接受施恩教授长达12年的职业生涯研究，包括面谈、跟踪调查、公司调查、人才测评、问卷等多种方式。施恩教授据此最终分析总结出了职业锚（又称职业定位）理论。

一、职业锚定义

所谓职业锚，又称职业系留点。锚，是船只停泊定位用的铁制器具。职业锚，是指当一个人不得不做出选择的时候，他无论如何都不会放弃的职业中的那种至关重要的东西或价值观。实际就是人们选择和发展自己的职业时所围绕的中心。

职业锚，也是自我意向的习得部分。这是个人进入早期工作情境后，由习得的实际工作经验决定，与在经验中自省的动机、价值观、才干相符合，达到自我满足和补偿的一种稳定的职业定位。职业锚强调个人能力、动机和价值观三方面的相互作用与整合。职业锚是个人同工作环境互动的产物，在实际工作中是不断调整的。

二、职业锚的应用意义

经过近30年的发展，职业锚已成为许多个人职业生涯规划的必选工具和公司人力资源管理的重要工具。

个人在进行职业规划和定位时，可以运用职业锚思考自己具有的能力，确定自己的发展方向，审视自己的价值观是否与当前的工作相匹配。个人只有定位和要从事的职业相匹配，才能在工作中发挥自己的长处，实现自己的价值。尝试各种具有挑战性的工作，在不同的专业和领域中进行工作轮换，对自己的资质、能力、偏好进行客观的评价，是使个人的职业锚具体化的有效途径。

对于企业而言，通过雇员在不同的工作岗位之间的轮换，了解雇员的职业兴趣爱好、技能和价值观，将他们放到最合适的职业轨道上去，可以实现企业和个人发展的双赢。

三、职业锚类型

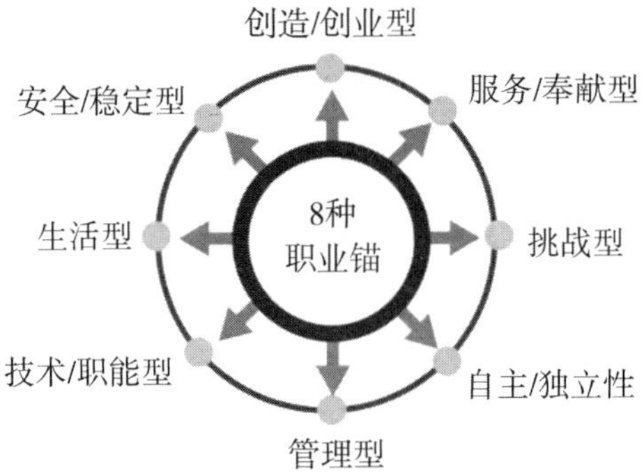

图3-1　职业锚类型

1. 技术/职能型

技术/职能型的人追求在职能领域的成长和技能的不断提高，以及应用这种技术/职能的机会。他们对自己的认可来自他们的专业水平，他们喜欢面对专业领域的挑战。他们通常不喜欢从事一般性的管理工作，因为这意味着他们不得不放弃在技术/职能领域的成就。

2. 管理型

管理型的人追求并致力于工作职位晋升，倾心于全面管理，独立负责一个部分，可以跨部门整合其他人的努力成果。他们想去承担整体的责任，并将公司的成功看成自己的工作。具体的工作仅仅被看作他们通向更高、更全面管理层的必经之路。

3. 自主/独立型

自主/独立型的人希望随心所欲安排自己的工作方式、工作习惯和生活方式。这类人追求能施展个人能力的工作环境，最大限度地摆脱组织的限制和制约。他们宁愿放弃提升或工作发展机会，也不愿意放弃自由与独立。

4. 安全/稳定型

安全/稳定型的人追求工作中的安全与稳定感。他们因为能够预测到稳定的将来而感到放松。他们关心财务安全，如退休金和退休计划。稳定感包括诚实、忠诚以及完成老板交代的工作。尽管有时他们可以达到一个高的职位，但他们并不关心具体的职位和具体的工作内容。

5. 创业型

创业型的人希望用自己的能力去创建属于自己的公司或创建完全属于自己的产品（或服务），而且愿意冒风险并克服面临的障碍。他们想向世界证明，公司是他们靠自己的努力创建的。他们可能正在别人的公司工作，但同时他们也在学习并寻找机会。一旦时机成熟了，他们便会走出去创立自己的事业。

6. 服务型

服务型的人一直追求他们认可的核心价值，如帮助他人。他们的职业决策通常基于给工作带来价值，金钱不是他们追求的根本。

7. 挑战型

挑战型的人喜欢解决看上去无法解决的问题，战胜强硬的对手，克服难以克服的困难等。对他们而言，参加工作或职业的原因是工作允许他们去战胜各种“不可能”。他们需要新奇、变化和困难。

8. 生活型

生活型的人希望将生活的各个主要方面整合为一个整体，喜欢平衡个人的、家庭的和职业的需要，因此，生活型的人需要一个能够提供“足够弹性”的工作环境来实现这一目标。他们将成功定义得比职业成功更广泛。相对于具体的工作环境、工作内容，生活型的人更关注自己如何生活、在哪里居住、如何处理家庭事务等。

职业锚实际上是内心中个人能力、动机、需要、价值观和态度等相互作用和逐步整合的结果。在实际工作中，个人通过不断审视自我，逐步明确自己的需要与价值观，明确自己的擅长及今后发展的重点，最终在潜意识里找到自己长期稳定的职业定位。

四、人工智能时代的职业锚

以ChatGPT、文心一言等为代表的生成式人工智能（AI-Generated Content，简称AIGC）正在成为搅动职场的一个关键因素。据美国《财富》杂志2023年2月的报道，一家提供就业服务的平台调查了1000家企业，发现近50%的企业已在使用ChatGPT，在这些企业中，48%的企业甚至已经用其替代人工工作；另有30%的企业表示计划使用ChatGPT。另外，麦肯锡在2023年4月开展的人工智能调查报告指出，70%的被试在工作或生活中会接触到AIGC，其中22%被试会经常使用AIGC。

AIGC改变了对专业技能和知识的需求，增加了对AI、数据分析相关技能，以及与技术应用和创新相关能力的需求。在职业转型过程中，个体需要重新评估职业锚，以适应新的职业发展机会。以插画师和设计师为例，很多人最初进入这个行业是因为绘画或设计更符合其职业偏好。然而，面对AIGC带来的极大的生存危机，这部分群体不得不评估自己原有的职业锚，将与AI协作创作、在共生协作中重新创造价值，作为新职业锚“至关重要”的组成部分。

以往个体多靠习得实际工作经验，在经验中自省形成职业锚。现在，一些新的数字化工具可以帮助个体更快确定职业锚，从大数据分析的角度解锁新的职业价值，并提供职业转型所需的不同技能，帮助个体了解特定职位的市场需求程度。通过这些指标，个体可以有效确定适合自己的职业锚。

思考与练习

职业锚问卷

这份问卷的目的是帮助你思索自己的能力、动机和价值观。这个测试可能无法真实反映你的职业锚，你需要进行积极的思考，并做好与职业搭档进行相关的讨论。请尽可能真实并迅速地回答下列问题。除非你非常明确，否则不需要做出极端的选择，例如“从不”或者“总是”。

对于下列40个描述，根据你的实际情况，从“1—6”中选择一个数字。数字越大，表示这种描述越符合你的实际情况。例如，对“我梦想成为公司的总裁”，你可以作出如下的选择：选“1”代表这种描述完全不符合你的想法；选“2”或“3”代表你偶尔（或者有时）这么想；选“4”或“5”代表你经常（或者频繁）这么想；选“6”代表这种描述完全符合你的日常想法。

现在，开始回答问题。将最符合你自身情况的答案记下来，并填入表3-1。

1. 我希望做我擅长的工作，这样我的内行建议可以不断被采纳。

2. 当我整合并管理其他人的工作时，我非常有成就感。

3. 我希望我的工作能用自己的方式，按自己的计划去开展。

4. 对我而言，安定与稳定比自由和自主更重要。

5. 我一直在寻找可以让我创立自己事业（公司）的创意（点子）。

6. 我认为只有对社会做出真正贡献的职业才算是成功的职业。

7. 在工作中，我希望去解决那些有挑战性的问题，并且成功。

8. 我宁愿离开公司，也不愿从事需要个人和家庭做出一定牺牲的工作。

9. 将我的技术和专业水平提升到一个更具有竞争力的层次是成功职业的必要条件。

10. 我希望能够管理一个大的公司（组织），我的决策将会影响许多人。

11. 如果职业允许自由地决定自己的工作内容、计划、过程时，我会非常满意。

12. 如果工作的结果使我丧失了自己在组织中的安全稳定感，我宁愿离开这个工作岗位。

13. 对我而言，创办自己的公司比在其他的公司中争取一个高的管理位置更有意义。

14. 我的职业满足来自我可以用自己的才能为他人提供服务。

15. 我认为职业的成就感来自克服自己面临的非常有挑战性的困难。

16. 我希望我的职业能够兼顾个人、家庭和工作的需要。

17. 对我而言，在喜欢的专业领域内做资深专家比做总经理更具有吸引力。

18. 只有在我成为公司的总经理后，我才认为职业人生是成功的。

19. 成功的职业应该允许我有完全的自主与自由。

20. 我愿意在能给我安全感、稳定感的公司中工作。

21. 当通过自己的努力或想法完成工作时，我的工作成就感最强。

22. 对我而言，利用自己的才能使这个世界变得更适合生活或居住，比争取一个高的管理职位更重要。

23. 当我解决了看上去不可能解决的问题，或者在必输无疑的竞赛中胜出时，我会非常有成就感。

24. 我认为只有很好地平衡个人、家庭、职业三者的关系，生活才能算是成功的。

25. 我宁愿离开公司，也不愿频繁接受那些不属于我专业领域的工作。

26. 对我而言，做一个全面管理者比在我喜欢的专业领域内做资深专家更有吸引力。

27. 对我而言，用自己的方式不受约束地完成工作，比安全、稳定更加重要。

28. 只有当我的收入和工作有保障时，我才会对工作感到满意。

29. 在我的职业生涯中，如果我能成功地创造完全属于自己的产品或点子，我会感到非常成功。

30. 我希望从事对人类和社会真正有贡献的工作。

31. 我希望工作中有很多的机会，可以不断挑战我解决问题的能力（或竞争力）。

32. 我能很好地平衡个人生活与工作，这比达到一个高的管理职位更重要。

33. 如果在工作中能经常用到我特别的技巧和才能，我会感到特别满意。

34. 我宁愿离开公司，也不愿意接受让我离开全面管理的工作

35. 我宁愿离开公司，也不愿意接受约束我自由和自主控制权的工作。

36. 我希望有一份让我有安全感和稳定感的工作。

37. 我梦想着创建属于自己的事业。

38. 如果工作限制了我为他人提供帮助或服务，那么我宁愿离开公司。

39. 去解决那些几乎无法解决的难题，比获得一个高的管理职位更有意义。

40. 我一直在寻找一份能最小化个人和家庭之间冲突的工作。

重新看一下你给分较高的描述，从中挑出与你日常想法最为吻合的3个，在原来评分的基础上，将这3个题目得分再各加上4分（例如：原来得分为5，则调整后的得分为9）。然后就可以开始评分。

按照“列”进行分数累加，得到一个总分，将每列的总分除以5得到一个平均分，填入表格。记住：在计算平均分和总分前，不要忘记将最符合你日常想法的3项，额外加上4分。

最终的平均分就是你自我评价的结果，最高分所在列代表最符合你的职业锚。

表3-1 评分表

类型	TF（技术、职能）	GM（管理）	AU（自主、独立）	SE（安全、稳定）	EC（创造、创业）	SV（服务、奉献）	CH（挑战）	LS（生活）
题号	1（ ）	2（ ）	3（ ）	4（ ）	5（ ）	6（ ）	7（ ）	8（ ）
	9（ ）	10（ ）	11（ ）	12（ ）	13（ ）	14（ ）	15（ ）	16（ ）
	17（ ）	18（ ）	19（ ）	20（ ）	21（ ）	22（ ）	23（ ）	24（ ）
	25（ ）	26（ ）	27（ ）	28（ ）	29（ ）	30（ ）	31（ ）	32（ ）
	33（ ）	34（ ）	35（ ）	36（ ）	37（ ）	38（ ）	39（ ）	40（ ）
总分								
平均分								

第四章

行业星图：职业世界探索

学习目标

1. 以积极的心态面对工作世界，消除对工作世界的刻板印象。
2. 掌握多种获取和研究职业信息的方法。
3. 能够使用多种方法与策略获取职业信息。
4. 学会有效管理职业信息。

一座灯塔

高度重视稳就业，出台支持企业稳岗拓岗政策，加强高校毕业生等重点群体就业促进服务。

——2024年《政府工作报告》

一面镜子

小张即将毕业，但还没有找到合适的工作，看到大家都在准备一年一度的公务员和医院编制招考，他也不知道该怎么办。面对几百人甚至上千人竞争一个岗位，自己没把握，也不想去考；转行做与医疗相关的其他岗位，又觉得放弃本专业太可惜了。小张对自己工作世界的信息缺乏正确的分析，也没有明确的职业理想。

小范和小赵都是药学专业的学生，两个人都做好到药企做医药代表的准备。小范为之做出了全面的努力，广泛搜集学习相关专业的书籍，经常联系老师和已经毕业且从事医药代表的学长交流医药代表行业的工作信息，关注各大网站招聘信息等，终于如愿以偿地进入了世界500强公司。而小赵只是等待和参加招聘会，最后只能草草地签了一家业绩平平的小公司。

俗话说，适者生存。每个人都生活在一定的环境中，成长和发展都与环境息息相关。所以，在制订个人职业生涯规划时，要分析环境的特点、环境的发展变化、自己与环境的关系、自己在特定的环境中的地位、环境对自己提出的要求或挑战以及环境对自己的有利条件与不利条件等。只有充分了解这些环境因素，才能做出与环境相适应的职业生涯规划，才能做到在复杂的环境中避害趋利。

职业，是一个人安身立命之本，施展才华之基，成就人生之途。人的职场之路将直接影响人生理想与美好人生的实现。通过前面的学习，我们可以对自己的职业性格、职业兴趣、职业技能、职业价值观等方面有很好的了解。本章中，职业生涯探索视角将从内部转向外部，我们将学习如何了解职业的发展变化规律；如何面对职场当中的是是非非；如何面对浩如烟海的工作信息；如何通过多种途径寻找有效信息；如何让自己不困惑，不纠结，明晰方向，找准定位，以便更好地规划自己的未来职业生涯，从而树立正确的职业理念。

第一节　开拓职业版图

职业不仅为人们提供了赖以生存的物质基础，也提供了人们参与社会活动、承担社会义务、获得社会福利的条件。深入了解职业，可以帮助人们树立正确的职业观，使职业发展道路更顺畅。职业是一种社会历史现象，是人类发展到一定阶段的产物。现代意义上的职业，是社会分工的产物，是一种专业化的社会劳动岗位。从国家的角度来看，每一种职业都是一种社会分工；从社会的角度来看，职业是劳动者获得的社会角色，如医生、教师、律师、公务员等；从个人的角度来看，职业则是劳动者“扮演”的社会角色，劳动者为社会承担一定的义务和责任，同时获得相应的收入。

职业的外延包括三层意思：一是有工作，即有事可做，有事可为；二是有收入，即获得工资或其他形式的经济报酬；三是有时间限度，一般规定为不超过全天时间的三分之一。

一、了解专业，形成职业概念

跨入大学校门，同学们实际上已经开始了人生道路上的职业选择。在学校里，我们将根据专业系统地接受从事某些职业所需要的专门知识、技能、职业素质的培养。那么，什么是职业？当代职业发展的主要趋势是什么？我们学习的专业有什么特点？它的就业前景又怎样呢？了解了这些问题，我们的学习才会有针对性和主动性，这也对我们今后的职业选择和生涯发展大有裨益。

拓展园地

1. 我的大家庭

我所在系（院）的全称是：

____

我所学专业的名称是：

____

本专业的历史：（招生几年了？校企合作单位？……）

____

2. 我的专业

本专业上一届毕业生的工作去向：

____

本专业的人才市场需求和就业前景：

____

本专业大学阶段比较重要的专业基础课和专业课：

____

3. 我的想法

喜欢这个专业吗？若喜欢，未来有什么打算？若不喜欢，又该怎么办呢？

____

____

____

____

____

____

（一）大学专业的含义

专业有广义和狭义之分。广义的专业是指知识的专业化领域。狭义的专业是指专业与培养人的活动相联系时，往往就成为一种培养人才的基本单位，演变为一种实体，这个实体形成的依据是学科分类和社会分工需要，实体的任务是对高深、专门知识分门别类地进行教与学的活动。“高深”和“专门”体现了培养人才活动中知识领域的特点。

2021年3月12日，教育部加强职业教育国家教学标准体系建设，落实职业教育专业动态更新要求，推动专业升级和数字化改造。教育部组织对职业教育专业目录进行了全面修（制）订，形成了《职业教育专业目录（2021年）》并予以公布。分设农林牧渔大类、资源环境与安全大类、能源动力与材料大类、土木建筑大类、水利大类、装备制造大类、生物与化工大类、轻工纺织大类、食品药品与粮食大类、交通运输大类、电子与信息大类、医药卫生大类、财经商贸大类、旅游大类、文化艺术大类、新闻传播大类、教育与体育大类、公安与司法大类、公共管理与服务大类，共19个大类。

（二）培养专业能力以促进职业发展

专业学习包括专业知识的学习、专业技能的掌握和专业能力的形成。大学所设的专业一般面向一个岗位群，纵向可涉及一个领域、一个行业，横向可涵盖社会各部门的某个层面。实用型人才培养，要求大学生同时具有岗位群的理论知识和基本、通用、熟练的职业技能，又能掌握与本专业有关的最新科技知识。无论大学生毕业后所从事的职业与专业是否相关，都要求学生在校期间打下牢固的专业知识基础，掌握专业技能，培养专业能力，为就业做好知识、能力的储备。

1. 知识结构的完善

合理的知识结构是胜任现代社会职业岗位的必要条件，是人才成长的基础。现代社会的职业岗位，需要的是知识结构合理，能根据当今社会发展和职业的具体要求，将自己所学到的各类知识科学地组合起来的、适应社会要求的人才。另外，当今社会，知识在不断更新，大学生必须储备足够的基础理论知识，以利于继续学习。因此，大学生应充分认识知识结构在求职择业和未来生涯发展中的作用，根据现代社会的发展需要，塑造自己，发展自己，建立合理的知识结构，适应现代社会的要求。

2. 专业技能的加强

就业竞争就是能力的竞争，职业能力的强弱和就业机会的多少以及有没有发展机遇成正相关关系。如果说职业理想和就业目标是目的地，那么专业学习就是主要的路线图。不同的职业需要不同的专业知识、专业素养、职业技能和职业素养，而不同的知识和技能则是专业学习的主要内容。

3. 实践能力的锻炼

专业实践是大学生将专业理论知识与社会工作相结合的环节。专业实践促进职业能力的发展，专业知识、专业素养、职业技能和职业素养的提升是适应职业岗位需求的重要因素。大学阶段是同学们为未来发展打下坚实的专业知识、专业素养、职业技能和职业素养基础的关键阶段。因此，必须充分利用在校学习期间的各种机会，做一些与专业相关或目标职业有关的工作，发挥自身特长，把自己所学的知识运用到实际工作中，积累丰富的实践经验，全方位提升自己的综合素质与社会适应能力。

二、当代职业发展的趋势

（一）职业的种类大量增加

职业产生初期，种类少，发展缓慢。因为传统生产技术相对稳定，一项重要的技术发明在生产上的应用往往会持续相当长的一个时期，所以使社会职业也具有相对稳定性。但随着社会的发展以及科技发展速度的加快，职业种类增加的速度也逐渐加快，新兴行业不断涌现，新的职业大量出现。

（二）第三产业职业数量增加

随着科学水平的提高，产业结构的调整，第三产业在国民经济发展中所起的作用越来越大，如金融、商务、传播、物流、卫生、教育、旅游业等。第三产业的就业人数不断增加，是现代社会发展的大趋势。

（三）职业活动的内容不断弃旧从新

同样的职业，时代不同，技术方法、工作手段有着天壤之别。例如，工程设计绘图，过去用图纸、丁字尺等，现在用CAD技术。工作设备和条件的变化，对职业内容有了新的要求。如对行政工作人员，在以前要求具备较好的组织协调能力、分析问题能力、解决问题能力、文字能力、口头表达能力等，但现在还要求他们具备社会交往及计算机辅助管理能力、办公自动化操作能力等。职业的演变提高了对从业者素质、技能的要求。

（四）职业将向高科技化、智能化、专业化方向发展

目前，得到世界各国公认并列入21世纪重点开发的领域有信息技术、航天技术、生物技术、新能源技术、新材料技术和海洋技术等。近年来，我国兴建了一批高新技术产业开发区，出现了一批高新技术公司，建立了一批外资和中外合资高新技术企业。因而，在加快高新技术发展政策的实施过程中，与此有关的职业将得到较快发展。随着科学技术的发展，职业的专业化和复合化程度越来越高。

（五）职业的流动性增强

随着社会职业种类的不断增加，职业选择的机会增多，打破了职业的相对稳定性。现代社会职业兴衰演化迅速，职业的更新速度不断加快，导致一个人一生面临职业的选择及变化也会越来越多。

（六）绿色职业的可持续发展

最新修订的职业体系中，增加了“绿色职业”标识。在借鉴发达国家经验的基础上，结合实际，我国对具有“环保、低碳、循环”特征的职业活动进行研究分析，将部分社会认知度较高、具有显著绿色特征的职业标示为绿色职业，这是我国职业分类的首次尝试，旨在注重人类生产生活与生态环境的可持续发展，推动绿色职业发展，促进绿色就业。

绿色职业活动主要包括：监测、保护、治理、美化生态环境，生产太阳能、风能、生物质能等新能源，提供大运量、高效率交通运力，回收与利用废弃物等领域的生产活动，以及与其相关的以科学研究、技术研发、设计规划等方式提供服务的社会活动。2015版《中华人民共和国职业分类大典》共标示127个绿色职业，并统一以“绿色职业”的汉语拼音首字母“L”对其进行标识，如环境监测员、太阳能利用工、轮胎翻修工等职业。

三、我国的职业分类

在职业分类中，产业、行业与职业三者之间存在着归属关系，其中，不同产业相应地包含着各种行业，不同的行业也相应地包含各种职业。

产业是国民经济中最基本的分类。按照国际上通行的原则，一个国家的国民经济都可以划分为三大产业：第一产业包括农业、林业、畜牧业、渔业和矿业；第二产业包括机械制造业、加工业和建筑业；第三产业指广泛的服务业（除第一产业、第二产业以外的其他各业），包括流通部门、为生产服务的部门、为提高居民文化和身体素质服务的部门、为社会管理服务的部门。

行业是指从事相同性质的经济活动的所有单位的集合。行业是根据经济活动的同质性原则划分的，即每一个行业类别都按照同一种经济活动的性质划分。我国于1984年颁布的《国民经济行业分类和代码》把我国国民经济分为13个门类，1994年、2002年、2011年分别对其进行了修订，2017年颁布了新的《国民经济行业分类》国家标准。2018年，国家统计局指定并印发了《新产业新业态新商业模式统计分类（2018）》。根据《国民经济行业分类》，我国国民经济行业被划分为门类、大类、中类和小类四级，共有20个行业门类、97个大类、473个中类、1380个小类。

根据我国国民经济发展现状，在行业分类基础上，借鉴国际标准职业分类体系，《中华人民共和国职业分类大典（2015版）》将我国职业归为8个大类、75个中类、434个小类、1481个细类（职业），如表4-1所示。

4-1 职业的分类

类别	中类	小类	细类
第一大类：党政机关、国家机关、群众团体和社会组织、企事业单位负责人	6	15	23
第二大类：专业技术人员	11	120	451
第三大类：办事人员和有关人员	3	9	25
第四大类：社会生产服务和生活服务人员	15	93	278
第五大类：农、林、牧、渔业生产及辅助人员	6	24	52
第六大类：生产制造及有关人员	32	171	650
第七大类：军人	1	1	1
第八大类：不便分类的其他从业人员	1	1	1

大类是职业分类中的最高层次。大类的划分是以工作性质的同一性为主要依据，

并考虑我国管理体制、产业结构的现状与发展等因素，将我国全部社会职业大致分为管理型、技术型、事务型、技能型等八大职业类别。第七类和第八类不再进行下一层次的划分。每一大类的内容包括大类编码、大类名称、大类描述、所含中类的编码和名称。

拓展园地

新职业的产生与发展

新职业是指《中华人民共和国职业分类大典（2015版）》（简称《大典》）中未收录的，社会经济发展中已有一定规模的从业人员，且具有相对独立成熟的专业、技能要求的职业。建立新职业信息发布制度是国际通行做法，也是职业分类动态调整机制的重要内容。进入21世纪以来，新产业、新业态、新模式不断产生，新职业也随之不断产生并发展，国家层面上予以认可、规范的新职业发布制度应运而生。新职业的认定程序：按时向社会公开征集，申报单位填写、提交新职业建议书，经职业分类专家严格评审，再经公示及广泛征求相关行业主管部门意见，按一定程序审批，以国家正式文件形式发布，并在《大典》中补充完善。

2019年以来，人力资源和社会保障部与国家市场监督管理总局、国家统计局联合向社会发布了四批新职业（表4-2）。

表4-2　新职业

发布时间	发布数量（种）	发布种类
2019年4月	13	人工智能工程技术人员，物联网工程技术人员、大数据工程技术人员、云计算工程技术人员、数字化管理师，建筑信息模型技术员、电子竞技运营师、电子竞技员、无人机驾驶员、农业经理人、物联网安装调试员、工业机器人系统操作员、工业机器人系统运维员

续表

发布时间	发布数量（种）	发布种类
2020年2月	16	智能制造工程技术人员、工业互联网工程技术人员、虚拟现实工程技术人员、连锁经营管理师、供应链管理师、网约配送员、人工智能训练师、电气电子产品环保检测员、全媒体运营师、健康照护师、呼治疗师、出生缺陷防控咨询师、康复辅助技术咨询师、无人机装调检修工、铁路综合维修工、装配式建筑施工员
2020年7月	9	区块链工程技术人员、城市管理网格员、互联网营销师、信息安全测试员、区块链应用操作员、在线学习服务师、社群健康助理员、老年人能力评估师、增材制造设备操作员
2021年3月	18	集成电路工程技术人员、企业合规师、公司金融顾问、易货师、二手车经纪人、汽车救援员、调饮师、食品安全管理师、服务机器人应用技术员、电子数据取证分析师、职业培训师、密码技术应用员、建筑幕墙设计师、碳排放管理员、管廊运维员、酒体设计师、智能硬件装调员、工业视觉系统运维员

新职业具有以下几个特性：一是目的性，即有人专职从事此业，赖以谋生；二是社会性，即为他人提供产品或服务；三是规范性，即合乎法律规范；四是群体性，一般要求有不少于5000人的从业人员。此外，还要求具有稳定性和独特的技术性。

第二节　游历：职业领域探秘

探索职业世界是大学生实现人生价值的前提，是大学生提升就业竞争力的重要基础。它会受到家庭环境、个人发展和学校教育多方面的影响。正确培养和锻炼探索职业世界的能力是高职学生职业发展的重要环节。大学生对职业世界既熟悉又陌生。熟悉是因为从小就与职业世界发生各种各样的联系，陌生是因为没有体验过真实的职业世界。

一、职业环境分析

每个人都生活在一定的环境中，成长与发展都与环境息息相关。所以，在进行个人职业生涯规划时，要分析环境的特点、环境的发展变化、自己与环境的关系、自己在特定环境中的地位、环境对自己提出的要求或挑战以及环境对自己的有利条件与不利条件等。只有充分了解这些环境因素，才能做出与环境相适应的职业生涯规划，才能做到在复杂的环境中避害趋利。

职业环境对个人成长与职业发展有重要的影响。因此，在进行职业生涯规划时，要进行深入的分析和研究。进行职业环境分析的要求是，通过职业环境分析弄清职业对职业发展的要求、影响及作用，对各种影响因素加以衡量、评估并做出反应。

（一）职业环境分析的内容

职业环境分析实质上就是了解和分析与自己职业发展密切相关的周围有关环境，包括家庭环境、对他人的了解、外职业环境等。

1. 家庭环境

家庭环境对人的心态影响非常大，进而会影响到个人工作和事业的发展。对家庭环境的了解和分析主要包括家庭关系、家庭生活环境、家庭经济状况、家庭成员健康状况分析等。

2. 对他人的了解

一般来说，个人在工作中或多或少地会与他人发生联系。在任何一个工作团队中，每个人的专业、性格、年龄、能力等都是有差异的。因此，进行职业生涯规划时，也要了解他人，特别是与个人工作密切相关的同事的情况。要了解的情况包括他人的年龄层次、家庭背景、性格、情商、学历、专业技术职称、工作能力、工作业绩、竞争优势及个人规划等。

3. 外职业环境

外职业环境分析包括三个方面的内容：社会环境分析、组织环境分析和经济环境分析。

（1）社会环境分析

社会环境对每个人的职业生涯发展都有重大影响。要通过对社会大环境的分析，了解所在国家或地区的经济、政治、社会、文化等发展情况，寻求各种发展机会。

影响职业生涯的社会环境因素包括以下方面：

一是经济发展水平。经济发展水平高的地区，企业相对集中，优秀企业也就比较多，个人职业选择的机会就比较多，有利于个人职业的发展；反之，经济发展水平落后的地区，个人职业选择的机会就相对较少，个人职业发展也受到限制。

二是社会文化环境。社会文化环境主要包括教育水平、教育条件和文化设施等。在良好的社会文化环境中，个人能力受到良好的教育熏陶，可以为职业发展打下更好的基础。

三是价值观念。一个人生活在社会环境中，必然会受到社会价值观念的影响。大多数人的价值取向，很大程度上受社会主体价值取向影响。一个人的思想发展、成熟的过程，其实就是认可、接受社会主体价值观念的过程。社会价值观念通过影响个人价值观念，进而影响个人的职业选择。

四是政治制度和氛围。政治和经济是相互影响的。政治不仅影响到一国的经济体制，而且影响着企业的组织体制，从而直接影响到个人的职业发展。政治制度还会潜移默化地影响个人的追求，从而对职业生涯产生影响。

分析和了解影响职业的社会环境因素，有助于个人制定正确的职业生涯规划，使个人在变化的社会环境中不断取得职业生涯的发展。

（2）组织环境分析

从宏观的角度来看，组织环境分析大致可分为职业环境分析、行业环境分析、企业环境分析、地域（城市）分析等。从微观角度来看，组织环境主要包括以下方面：组织规模和组织机构；组织文化、组织氛围和人际关系状况；组织发展战略和发展态势；组织政策和组织制度；组织人力资源开发与管理状况，如人力资源需求、晋升发展政策、薪资和福利、教育培训、工作评估等；工作设施设备条件和工作环境等。

下面，从宏观角度来介绍组织环境分析的几个方面：

一是职业环境分析。职业环境分析就是要认清所选职业在社会大环境中的发展状况、技术含量、社会地位、未来趋势等。例如，当前热点职业及发展前景，社会发展趋势对所选职业的要求、影响等。

二是行业环境分析。包括对目前所从事行业和将来想从事行业的目标行业的分析。其分析内容包括行业的发展状况、国际国内重大事件对该行业的影响、目前行业优势与问题、行业发展趋势等。

三是企业环境分析。企业环境一般包括单位类型、企业文化、发展前景、发展阶段、产品服务、员工素质、工作氛围等。要确定自己适合什么样的企业文化、什么样的工作环境，从而找到真正的符合自己要求的公司。

四是地域（城市）分析。地域（城市）分析主要包括某地域（城市）的经济发展情况，行业分布、劳动力市场的供给情况、地域（城市）的信息系统状况等。例如，大城市是很多人的向往，上海、北京、深圳、广州等大城市有完善的产业结构、丰富的企业资源、良好的职业机会，因而吸引众多的人才关注。在前往心仪的大城市求职前，需要做城市分析。

（3）经济环境分析

经济环境分析主要包括经济模式变化、经营环境变迁、经济国际化、经济增长率、经济景气度、经济建设速度等。其分析的重点是经济环境变化对人才需求以及素质、能力提出的要求和挑战。

经济环境对人的职业生涯发展也会产生影响。例如，当经济发展非常有景气时，百业兴旺，就业渠道、薪资提升和职业发展的机会就会大增；反之，就会使人的职业发展受阻。

拓展园地

1. 国家每年都会制定发布大学生就业政策，记录下你认为对自己有用的内容。

____

____

____

____

2. 了解本专业上一届毕业生的工作去向，记下自己可以尝试的岗位。

____

____

____

____

二、探索职业世界的途径

根据获取职业世界信息的方式，职业认知的方法可以分为直接接触和间接获取两种。直接接触就是直接与工作世界建立关系，亲身感受，获取第一手资料。间接获取就是通过各种媒介获取与工作世界有关的信息。

（一）直接接触法

1. 观察分析

通过实地到工作现场观察，了解工作的性质、内容、环境，并可以现场和员工交流。在参观之前，要制订系统的参观计划，不仅看表面的东西，还要看比较实质的东西，特别是自己希望深入了解的。比如，机床修理用什么工具、什么设备，需要掌握哪些基本的机床构造常识，工作时间、工作待遇，发展前途等。参观过程中，要对了解的信息进行记录，以便分析。通过观察分析我们可以发现，即使相似的工作，也可能存在很多差异。比如，社会科学研究、自然科学研究、工程研究和医学研究等，同样是研究工作，但是它们的工作环境、工作内容差异很大。从事社会科学研究往往要与各种人交往，需要对社会现象和人情世故比较关注；而从事自然科学研究则对物的兴趣更高，要和试验物品、实验设备、实验数据等打交道。

2. 生涯人物访谈

通过和相关的从业人员，特别是与成功或失败的人员交流，了解相关的职业知识和技能需求、待遇、发展前景等。访谈的好处是获得的信息比较详细。通过提问了解自己想知道的职业相关的各种问题，可以深层次地对工作世界进行了解。缺点是由于访谈对象的不同，结果可能差异很大。有的人对职业比较积极，赞誉较多；有的人对职业比较消极，可能评价较低。为了获得切实有效的职场经验，我们在选择访谈对象时要注意以下几点：选择从事自己理想职业的任职者，入职时间一般是初入职场、工作1—3年、工作3—5年；对工作内容比较熟悉的直接主管人员；与该职位工作联系比较密切的工作人员甚至客户对象。

在正式进行生涯人物访谈前，要做好充分的准备工作，如准备纸、笔、录音笔等工具，了解被采访者的信息，了解被采访者所从事职业的相关信息，列出采访提纲，约定采访的时间、地点和采访方式等。

拓展园地

思考一下自己对什么职业感兴趣。找到你可以联系到的这类职业的组织或个人，对其进行一次“生涯人物访谈”，结合你从各个渠道了解到的这个职业的相关信息，完成你的《个人职业信息表》。

个人职业信息表

职业的名称：______________________

职业的内涵、工作性质和工作职能：

____

____

所需的教育背景、培训和经验：

____

____

要求的个人资历、技能和能力：

____

____

收入（薪酬范围、福利待遇等）：

____

工作条件和工作时间：

____

____

工作地点：

____

该职业中典型人群的人格特征：

____

____

就业和发展前景：

____

____

____

工作中的个人满意度：

____

工作的利和弊：

____

____

____

3. 实习和社会实践

实习和社会实践是通过直接参加工作，比较全面地了解职业的方法。在大学中，学校都会安排实习课程，包括专业认识实习、校内实习、校外实训等。除此之外，学生还可以利用节假日和寒暑假时间参与各种社会实践活动，一方面可以获得一定的经济收入，锻炼自己的能力和意志；另一方面，可以尽早熟悉职业和职场，了解工作流程，对很好地完成职业任务有更清楚的认识。学生通过参加实习和社会实践，可以切身体会职业的酸甜苦辣，更详细地了解职业，对毕业后择业有很大的帮助。同时也可以通过实习与实践活动发现职业要求，激发学习专业知识的动力，及时发现自己的不足并进行弥补。

4. 行业展览会和人才交流会

通过行业展览会可以了解相关职业领域的最新产品信息和技术发展状况，以便学习更前沿的技术和理念。参加人才交流会可以了解职业对人才专业知识、能力和需求的要求。这些情况可以为大学生在制订学习计划和职业规划时提供指导。

5. 学校组织的企业宣讲会、报告会

临近毕业季，学校通常会邀请一些企业进校园宣讲，或者邀请企业知名人士进校园作报告等。大学生在校期间，应该尽可能多地参加此类活动，以了解不同企业的信息及用人需求，这对了解职业很有益处。

（二）间接获取职业信息的方法

随着信息化时代的加快，与职业、就业相关的网站逐年增多，如前程无忧、智联招聘、中华英才网、各高校职业指导网站等；也有一些网站专门提供某个行业的职业信息等更有针对性的资讯。国家大学生就业服务平台（图4-1），为大学生提供了精准的就业服务信息，涉及职位信息、专场招聘、实习岗位、就业咨询、就业政策等，深受大学生好评。再有各省市的就业平台，如山东高校毕业生就业信息网等，为大学生提供了精细的就业服务。

图4-1 国家大学生就业服务平台

第三节　磨砺：职业能力提升

对大学生来说，要注重对学习能力、沟通能力、团队协作能力和自我管理能力的培养，不断提高自身职业能力，为将来顺利就业及胜任工作打好基础。

一、学习能力的培养

美国未来学家阿尔温·托夫勒指出：未来的文盲不再是目不识丁的人而是那些没有“学习能力”的人。学习能力是未来社会人类要具备的首要本领，从这个意义上来说，学习能力的强弱直接决定了大学生的学习、成长乃至就业。

在整个职业生涯的发展中，能够胜任工作且能快速掌握新能力是每一个职场人士都应具备的能力。为了谋求生存和发展，每一个人都要不断地去学习生存能力，如果停止学习，必然会落后于人。在快节奏的社会中，落后就意味着淘汰。

（一）树立自主性的学习态度

学生到了大学能够找到合理的学习方法尤为重要，特别是应具有自主性的学习能力。自主性学习能力也是快速进入工作状态、职业生涯顺利发展的有力保障。同时，大学生要有明确的学习目的，学习是为增加知识储备，完善知识结构，而不仅仅是为了通过考试。此外，养成良好的学习习惯，合理规划个人学习行为，也有助于提高学习能力。

（二）树立终身学习的理念

树立工作学习化、学习工作化、学习生活化、学习终身化的理念。“学习是工作，而且是更重要的工作。”学习是做好工作的第一要求，也是良好履行职责的必要条件。作为员工，一定要学以致用，把学习消化到工作中，细致化到生活中。只是埋头工作而不重视学习知识的转化，即使拥有敬业精神和想要做好工作的愿望，也必定“事倍功半”，难有成效。只有不断地加强学习，树立终身学习的理念，并把学习当作一种兴趣爱好，才能真正将学习、工作和生活有机地结合起来，并使其相互促进，使自己的生活更加美好，工作更加富有朝气和创造力。

拓展园地

认识我的能力

1. 认识我自己

请在5分钟内尽可能多地写下自己所拥有的能力。与你的同学分享，看看谁写得多。大家写的一样吗？有什么不同？汇总大家所写的能力并将它们分类。

____

____

____

2. 我所拥有的知识技能

请同学们对下面列举的经历进行分析，尽可能全面地列出你所掌握的知识技能，再从中挑选出你自己感觉比较精通的和你在工作中应用或希望应用的知识技能，最后排列出对你来说最重要的五项知识技能。

在学校课程中学到的：______________________________

____

从课外培训、辅导班、研讨班学到的：______________________________

____

从志愿活动中学到的：______________________________

____

从兴趣、爱好中学到的：______________________________

____

请家人和同学帮助你回忆你在校内外都学习过一些什么专业知识：______

____

我尚不具备但希望拥有的知识技能：____________________

3. 知识技能的组合

想一想，在上一个练习中，你所列出的知识技能之间可以相互组合吗？它们的组合能够使你更好地完成什么样的工作？

我的知识技能组合：____________________

____

与你的同学相比，除了你们共同的专业以外，你还掌握了哪些他们没有的知识？你有特别擅长的吗？无论这些知识是多是少，都请不要忽略它们，因为也许就是这小小的一点独特之处，有助于你在竞争中胜出。思考一下：这些知识是否有可能应用在你将来的专业工作中？

我独特的知识技能：____________________

____

4. 我愿意与__________样的人共事

请列出你愿意与之共事的人的特质，并在小组中进行讨论，看看大家最重视的特质都有哪些？

____

____

____

____

请思考：我是这样的人吗？符合大家所描述的理想同事吗？我的个性特征会怎样影响到我的生涯发展？

5. 他人眼中的自己

通过他人对自己的反馈了解自己是一个很好的方式。向你身边的亲朋好友询问：如果让他们用3到5个词来形容一下你，他们会说什么？你可以通过面谈、打电话、发短信或电子邮件等多种方式来完成这个练习。请询问10个人以上。

____

____

____

____

得到他人的反馈以后，看看他们对你的描述中，有哪些是你知道的，有哪些是你以前没有想到过的。他们所说的符合你对自己的评价吗？哪些方面是你的长处？哪些地方需要你改进？

____

____

____

____

通过这个练习，你对自己有什么新的认识？

____

____

____

____

6. 撰写成就故事

请写下生活中令你有成就感的具体事件然后对其进行分析，看看你在其中使用了哪些技能（尤其是可迁移技能）。

在撰写成就故事时，每一个故事都应当包含以下要素：你想达到的目标，即需要完成的事情；你面临的障碍、限制或困难；你的具体行动步骤，即你是如何一步步克服障碍、达成目标的；对结果的描述，即你取得了什么成就。最好能够量化评估（用某种方法衡量或以数据说明）。

至少写出七个具体故事（越多越好）。如果有条件的话，请和两三个同学一起逐一进行分析讨论，在其中你都使用了一些什么样的技能。最后看看在这些故事中是否有重复出现的技能，他们就是你擅长的技能。将这些技能按优先次序加以排列。

____

____

____

____

____

____

____

____

二、沟通能力的培养

一般来说，沟通能力是指沟通者所具备的，能够胜任各类沟通工作的一系列优良主观条件与能力的总和。它不仅仅是语言交流的技巧展现，更是涉及情感理解、信息传递、反馈接收等多个层面的综合能力。简而言之，人际沟通能力，是指个体与他人之间能够高效、准确地传递与接收信息，并在此过程中建立和维护良好关系的能力。

其中，“恰如其分”是衡量沟通能力的一个重要标尺，它要求沟通者的行为必须符合当前的沟通情境以及彼此之间的相互关系，既要尊重对方的文化背景、情感状态和个人边界，也要确保信息的传递方式不会引起误解或冲突。而“沟通效益”则是沟通的终极目标，它指的是沟通活动在功能上达到预期的目标，或是满足了沟通双方或多方的需求，实现了信息的有效传递、情感的共鸣或问题的解决。

（一）倾听与理解：沟通的基础

提升沟通能力的第一步是学会倾听。我们需要耐心地听取他人的意见和建议，理解他们的观点和立场。通过积极倾听，我们能够更好地把握对话的核心内容，避免误解和冲突。同时，倾听也是建立信任、增进关系的重要方式。

（二）清晰表达：沟通的关键

除了倾听外，清晰、准确地表达自己的想法和观点也是提升沟通能力的重要方面。

我们需要学会用简洁明了的语言阐述自己的观点，避免使用模糊或复杂的词汇。同时，我们还需要注重语气和语调的控制，以确保信息的准确传达。

（三）非语言沟通：沟通的补充

除了口头语言外，非语言沟通也是提升沟通能力的重要手段。我们的面部表情、肢体动作、声音变化等都能够传递出丰富的信息。因此，我们需要注重非语言沟通的运用，通过微笑、点头、眼神交流等方式来增强沟通效果。

三、团队协作能力的培养

在高度合作与竞争并存的社会中，团队协作能力的培养至关重要。它要求个体超越自我，将个人的才华与努力融入团队之中，通过紧密的合作与不懈的奋斗，共同追求团队的整体成功。这不仅仅意味着要集思广益，进行深入的集体讨论与决策，还强调成员间的相互学习、分享与支持。在面对挑战与困难时，团队成员需要迅速集结，通过有效的沟通与协作，共同寻找解决方案。而这一切，都需要一个清晰、具有挑战性且令人信服的目标作为指引，以激发每个人的工作动力与奉献精神。不断培养这种团队协作能力，能够最大化地发挥团队的力量，推动个人与组织的共同成长，共同开创更加辉煌的未来。

（一）深入洞悉团队成员性格品质

团队协作的核心在于协同，因此，营造一个积极和谐的工作氛围至关重要。它直接影响着团队的凝聚力和合作效能。在团队中，每位成员都拥有独特的优点与待改进之处。作为团队的一员，我们应积极发掘并学习他人的优点与积极品质，同时勇于正视并努力克服自身的不足与消极面。当每位成员都能以开放的心态欣赏并学习彼此的长处时，团队的协作将更为顺畅，整体效能也将显著提升。

（二）秉持包容心态，促进团队和谐

团队工作离不开持续的沟通与讨论，而成员间的包容与理解则是这一切顺利进行的基础。固执己见、难以接纳他人观点的行为将严重阻碍团队的进步。因此，我们应以宽容的心态对待每一位团队成员，在讨论中坚持对事不对人的原则，即使面对错误，也应以共同进步为目标，给予建设性的意见而非指责。同时，自我反省同样重要，勇于承认并改正自身缺点，方能赢得团队的尊重与支持。

（三）建立良好关系，赢得支持与认可

在团队中赢得他人的支持与认可，是工作顺利推进的关键。除了在工作上相互支持、鼓励外，我们还应积极参与团队活动，关心同事的生活，努力成为大家信赖的朋友。当团队成员不仅将你视为工作上的好伙伴，更是生活中的知心朋友时，合作自然更加顺畅无阻。

（四）保持谦逊，共筑团队智慧

骄傲自大是团队合作中的大敌，它会削弱团队的凝聚力与协作精神。即使你在某些方面有着卓越的才能，也应保持谦逊，将注意力放在他人的长处上。只有这样，我们才能不断拓宽视野，认识到自己的不足与局限，从而更加珍视并充分利用团队中的每一份智慧与力量。

（五）强化资源共享，提升团队综合实力

团队的成功离不开资源的有效整合与共享。作为团队的一员，我们应积极贡献自己的资源与能力，同时也应乐于接受并利用他人的资源与经验。通过资源共享，我们可以更好地评估团队的凝聚力与协作能力，进而为团队的持续健康发展奠定坚实的基础。只有当每个成员都能充分融入团队、贡献自己的力量时，我们才能共同创造出更加辉煌的成就。

四、管理能力的培养

管理能力的塑造是大学生成长过程中的关键环节，其核心在于人的主观能动性，其水平直接关乎管理目标实现的效率与成效。对于大学生而言，提升管理能力不仅是应对当下社会激烈竞争的必要准备，更是适应未来社会多元化人力资源需求的战略选择。具体而言，大学生的管理能力体现在他们为实现高等教育目标及满足社会综合能力要求，而主动调动自身资源，适应内外环境，实施有效行为的能力上。

（一）规划未来的能力

大学生在人生发展的黄金阶段，以充沛的精力、敏捷的思维、快速的学习能力以及高度的可塑性，为未来提供了无限可能。因此，能否充分利用这一宝贵时期，合理规划未来，成为决定大学生学业成就高低与人生走向的关键。从短期到长期，从学业目标到职业规划，如学期任务的设定、专业技能的掌握、未来职业方向的探索等，都需要大学生在入学之初便进行深思熟虑的规划。明确的计划与目标如同灯塔，为人生航程指引方向，激发持续前进的动力，助力大学生抵达梦想的彼岸。

（二）时间管理的能力

步入大学，学生们往往会感受到前所未有的自由与自主。相较于中学时期，大学的教学方式更加灵活，学生自主支配的时间显著增加。然而，这种自由也伴随着挑战，即如何高效管理时间，确保学习与生活的平衡。培养科学的时间管理能力，意味着大学生需要学会合理规划时间，将时间投入对个人成长有益的活动中，无论是参加学术辅导班、社团活动，还是从事兼职工作，抑或是沉浸在图书馆与实验室的学术探索中。这些选择都应基于对个人发展的深思熟虑，确保时间的最大化利用。

（三）人际交往的能力

尽管大学生活主要围绕校园展开，但社会交往能力的培养同样不可或缺。作为即将步入社会的青年，大学生需要认识到，未来的成功往往离不开与他人的有效沟通与协作。在知识爆炸、信息飞速传递的今天，团队合作已成为实现复杂目标不可或缺的方式。因此，大学生应在大学期间积极锻炼自己的人际交往能力，学会倾听、理解他人，建立良好的人际关系网络，为未来的职业生涯奠定坚实的基础。

思考与练习

收集几项你能做或者你想做的岗位需求信息，填入表4-3。

表4-3 岗位信息表

企业性质	岗位	岗位要求	待遇情况	资料来源

第五章

梦想起航：目标设定与职业决策

学习目标

1. 了解职业目标、职业决策等相关概念和类型。

2. 知道职业生涯目标的影响因素，熟悉职业决策的过程。

3. 熟练掌握确定职业生涯目标和职业决策的方法，锻炼职业决策能力。

一座灯塔

广大团员青年成长为有理想、敢担当、能吃苦、肯奋斗的新时代好青年，用青春的能动力和创造力激荡起民族复兴的澎湃春潮，用青春的智慧和汗水打拼出一个更加美好的中国！

——习近平在庆祝中国共产主义青年团成立100周年大会上的讲话

一面镜子

以奋斗成就梦想

中国田径曾经有一个梦，那就是在百米赛场上，中国选手能占有一席之地。苏炳添在第三十二届夏季奥林匹克运动会男子百米赛场“飞人”大战中一飞冲天，成功圆梦。

在第三十二届夏季奥林匹克运动会男子100米半决赛中，中国短跑运动员苏炳添创造了9秒83的个人最好成绩，刷新亚洲纪录，成为第一个站上奥运会男子百米决赛跑道的中国运动员。在陕西全运会男子百米决赛中，苏炳添以9秒95的成绩夺得冠军，这也是他职业生涯中第十次跑进10秒。2022年3月3日，苏炳添入选“感动中国2021年度人物”。

梦想的实现，浸透着奋斗的汗水。百米跑道上，运动员每快0.001秒，都需要付出艰辛的努力。每一次自我超越，都离不开对梦想的执着和日复一日的坚持。很多人看不到的是，训练场上他一遍又一遍地蹬踏起跑器，一次又一次地回看录像。压低身体向前，起身，冲出跑道，再回到起点，蹲身，冲出跑道……每个动作都全神贯注、精益求精，每场训练都全力以赴、力求突破。成千上万次的锤炼，最终成就了赛道上的成绩突破。

反复淬火才能百炼成钢，竞技场上没有一蹴而就的胜利，苏炳添也不例外。在重大赛事中因为抢跑被罚下赛场，他把照片存进手机，提醒自己从失败中吸取教训。25岁时，苏炳添萌生了更换起跑脚的想法，他要与自己长期训练中形成的习惯对抗，也要与可能出现的一连串不理想成绩对抗。30岁时，腰伤和骨裂的困扰一度令他消沉，但最终苏炳添凭借顽强的意志走出低谷。不因困难屈服，不向挫折低头，苏炳添用自强不息的拼劲和自我超越的勇气为体育精神写下生动注脚。

从首度突破10秒大关到10次跑进10秒，从追平亚洲纪录到将亚洲纪录大幅提升0.08秒……他从未停止前进的步伐。如今除了短跑运动员的身份，苏炳添同时也是一名老师。课堂上，除了耐心指导动作外，他也乐于和同学们分享运动生涯中的奋进故事，在更多人心中种下拼搏的种子，注入前行的力量。

拼搏，不只在运动赛场。坚持付出，终有收获。那些超越自我、顽强拼搏的故事，必将激励我们以奋斗成就梦想，朝着更美好的生活努力进发。

（来源：《人民日报》2022年03月31日05版。有删改）

目标，是我们在大学四年中前行的方向标。它不仅关乎我们未来的职业选择，更关乎我们如何度过这段宝贵的时光。明确的目标，能够让我们更加专注地投入学习，更加积极地参与实践，从而在大学期间积累丰富的知识和经验。

生涯规划，则是我们实现目标与理想的桥梁。在大学期间，我们应该结合自己的兴趣、特长以及社会需求，制订一份科学合理的生涯规划。这份规划将帮助我们明确职业方向，掌握必要的技能，为未来的职业发展做好充分的准备。

第一节 定位：梦想的坐标点

学业或事业的成败，很大程度上取决于有无正确的目标。没有目标如同驶入大海的孤舟，四野茫茫，不知道自己走向何方。树立了目标，才能明确奋斗方向，它犹如大海中的灯塔，引导你避开险礁暗石，走向成功。

一、职业生涯目标的定义及分类

职业生涯目标是指个体渴望获得的与职业相关的结果，是个体所选定的职业领域中未来某个时刻所要达到的具体成就。大学生在职业选择与职业决策的过程中，始终要有明确的人生发展目标。理想的职业生涯目标对大学生的发展有着重要的激励作用。

（一）按时间划分

生涯目标根据目标的时间跨度，分为长期目标、中期目标与短期目标，分别与长期规划中期规划与短期规划相对应（见表5-1）。

表5-1 生涯目标类型（根据时间跨度分）

目标类型	解释	举例
长期目标	指5年以上的目标	在社会实践中积累经验，提升个人能力等
中期目标	指3—5年内的目标，包括对所寻求的教育类型、事业的规划	通过专升本考试，找到满意工作等
短期目标	指1年内的目标	通过英语四六级考试、计算机考试等

1. 长期目标

一般是指5—10年的规划，设定较长远的目标。如规划到30岁时成为一家中型公司的部门经理，规划到40岁时成为一家大型公司的副总经理，等等。长期职业目标具备以下六个方面的特征。

（1）目标是自己认真选择的，和组织、社会的发展需求相结合。

（2）目标很符合自己的兴趣、价值观，个体能为自己的选择感到骄傲。

（3）目标能被明确的语言定性说明。

（4）目标有实现的可能，并有更大的挑战性。

（5）目标与志向相吻合，能够通过努力实现理想。

（6）目标与人生目标相融为一，指导自己为创造美好未来坚持不懈。

2. 中期目标

一般为3—5年的规划。如规划到不同业务部门做经理，规划从大型公司的部门经理到小公司做总经理，等等。中期职业目标具备以下六个方面特征。

（1）目标是结合自己的志愿、组织的环境及要求确定的，与长期目标相一致。

（2）目标基本符合自己的兴趣、价值观，使人充满信心，且愿意公之于众。

（3）目标切合实际，并且未来的发展有所创新，有一定的挑战性。

（4）目标能被明确的语言定量与定性说明。

（5）目标有比较明确的执行时间，可根据外部环境变化做适当的调整。

（6）目标可以发挥自己的能动性，实现的可能性非常大。

3. 短期目标

多指1—2年要实现的目标，如2年内掌握哪些业务知识等。短期职业目标具备以下六个方面特征。

（1）目标表述清晰、明确。

（2）目标对于本人具有意义，与自我价值观和中长期目标一致。

（3）目标切合实际，并非幻想。

（4）有明确的具体完成时间。

（5）有明确的努力方向，通过努力能达到，实现起来完全有把握。

（6）目标精练。

在确定以上各种类型的职业生涯目标后，就要制定相应的行动方案来实现它们，把目标转化成具体的方案和措施。在这一过程中，比较重要的行动方案有职业生涯发展路线的选择、职业的选择和相应的教育培训计划的制订。

（二）按内容划分

根据生涯所涵盖的内容分类，可分为外在生涯目标和内在生涯目标（表5-2）。

表5-2 生涯目标类型（根据内容分）

目标类型	目标含义	包含内容	能否量化
外在生涯目标	指生涯过程中外显的、具有能见性标记的目标	职务目标、技术等级目标、经济收入目标、社会影响目标、工作内容目标等	可量化
内在生涯目标	指在整个生涯过程中个人自身得到了足够的发展，收获了知识，积累了经验，提高了职业技能，转变了观念，内心得到了丰富与升华	个人工作能力目标、工作成果目标、心理素质成长目标等	不可量化

1. 外职业生涯目标

外职业生涯目标，是指侧重于职业过程的、外在的目标。它通常是具体的，主要包括职工作内容、工作环境、经济收入和工作地点等方面的目标。

2. 内职业生涯目标

内职业生涯目标，是指职业生涯中知识、经验的积累，观念的转变，能力和素质的提高，以及获得成就感、价值感等内心满足。这些目标必须通过自己的努力才能获得，侧重于职业生涯过程中的内心感受。

二、职业生涯目标管理的过程

职业生涯目标管理就是在自我认知和环境认知的基础上，以自我控制、自我调节为主导思想，根据自我需要及环境的变化，将个人与外部环境的各种资源紧密结合，及时调整自己的职业生涯目标和实施计划，使自己保持最佳状态，争取最大发展机会去实现自己职业生涯目标的过程。

目标管理是通过一个过程来实现的。生涯目标管理分为目标制订、目标分解与组合目标实施、分析评价四个阶段，这四个阶段是一个闭环，具体如图5-1所示。

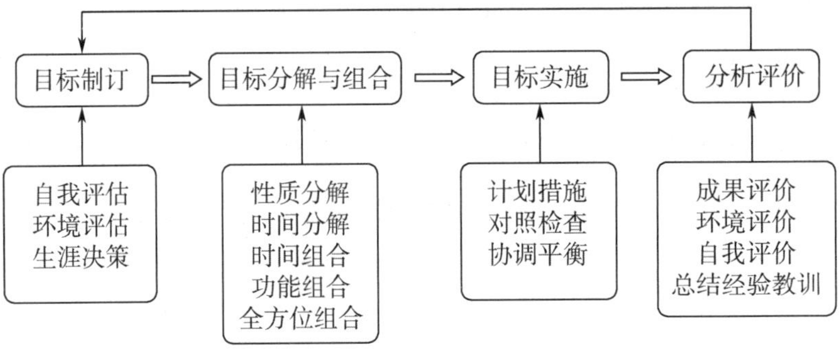

图5-1　生涯目标管理过程

明确职业生涯目标是目标管理的第一步。大学生必须要“知已知彼”，知己，就是要了解自己的兴趣、性格、能力、理想等；知彼，是要掌握社会的发展趋势和目标职业的需求变化等信息。大学生应根据正确的生涯决策方法以及自身实际情况，确立一个既适合自己又有发展前景的奋斗目标。因此，生涯目标是在自我评估、环境评估以及生涯决策的基础上制订的。生涯目标分解与组合包括目标分解与目标组合两部分内容。目标分解包括按性质分解和按时间分解。目标组合包括时间组合、功能组合与全方位组合。

目标实施包括计划措施、对照检查、协调平衡三个步骤。计划措施是指制订详细的实施计划和措施；对照检查是根据职业生涯各阶段的规划重点对计划的执行情况进行检查；协调平衡是指制订职业生涯目标的实施策略，并对计划措施进行优化调整。

分析评价实质是对职业生涯目标进行评估与调整的过程，包括成果评价、环境评价、自我评价、总结经验教训等内容。在这一阶段，需要对生涯目标的完成情况、自身的变化以及环境的变化进行评估，正确认识自己在实现生涯目标的过程中出现的各种问题，总结经验教训，及时进行目标的修正，必要时可以重新确定生涯目标，从而开始新的职业生涯目标管理。

三、职业生涯目标管理的重要意义

目标对人生有着巨大的导向作用。没有目标的人如同航行在茫茫大海中的孤舟，没有方向，不知所终。明确而适合的目标是大学生漫漫职业生涯征程中的灯塔，指引大学生走向人生的成功。

（一）职业生涯目标管理为大学生设定了明确的发展方向

目标管理可以使大学生的生涯目标更加清晰和明确，使大学生充分了解自己每个行为的目的，清楚什么是最重要的事情，有助于合理安排时间。更能使他们清晰地评估每个行为的进展，正面检视行为的效率，使他们在没有得到结果之前，就能“看”到结果，从而产生持续的信心、热情与动力，有效地引导大学生树立正确的职业理想、明确未来的人生发展方向，进而认真思考并科学规划自己的学业、职业与人生。

（二）职业生涯目标管理有利于增强大学生生涯目标的执行效果

目标管理能够帮助大学生识别并进行完成目标所必需的关键行为，从而将精力集中在关键事件上；可以使大学生清楚了解自己的职业生涯目标定位趋势，根据自己的职业生涯规划目标特点来及时调整目标方向，合理安排自己的生活，从而调动个体的主动性、积极性、创造性，增进个体职业生涯规划的行动效果。

（三）职业生涯目标管理可以加速生涯目标的实现

目标管理强调自我控制、自我调节，一方面促进个体集中精力在目标上，将个人与外部环境的各种资源紧密联系起来，提高资源的利用率，进而促进个人发展。另一方面，可以让大学生了解目标的完成情况，并能使他们清楚地了解自己的技能水平，及时探查与期望值的偏差，研究导致偏差的根本原因，采取合理的纠正措施，安排有针对性的培训和技能锻炼计划，消除不必要的错误和延误，及时纠正错误并调整生涯目标。

（四）职业生涯目标管理是大学生成长成才的助推器

目标管理有助于大学生提高目标管理意识，增强目标管理能力，增强自我教育、自我管理和自我服务的能力，使他们认清使命、明确目标，提高学习和成才的主动性、自觉性。

确立目标是大学生制定职业生涯规划的关键，有效的职业生涯规划需要切实可行的目标，排除干扰，全身心致力于目标的实现。大学生需要有一个能够让自己奋斗一生的目标，以便把力量整合到一个方向，满足自己追寻生活意义的需要。大学生职业生涯规划的目的绝不仅仅是帮助个人按照自己的资历找到一份合适的工作，更重要的是帮助个人真正了解自己，为自己定下事业大计，筹划未来，拟定职业生涯发展方向。每个人都应当审时度势，为自己筹划未来。有了事业上的目标，生活才有方向；有了事业上的追求，生活才有动力。对自己的职业生涯进行规划就是将自己的理想化为现实的人生，把对未来事业发展的预期转变为明确的行动步骤。

四、职业生涯目标设定的方法

（一）梦想法

在每个人的内心深处，都潜藏着各式各样的职业梦想。这些梦想往往超越了对现实客观条件的考量，它们在我们对所接触或听闻的职业尚不完全了解时便已萌芽。虽然基于这种方法的职业生涯目标设定可能带有较大的随意性和一定的局限性，因为它忽略了外部环境的制约因素，但它依然是激发个人职业追求、明确职业方向的有效途径之一。因此，梦想导向法可以被视为确定职业生涯目标的独特而富有启发性的方法。

拓展园地

想一想你的职业梦想是什么

你希望拥有什么？

____

____

____

希望做什么？

____

____

____

____

希望成为什么样的人？

____

____

____

考虑一下你的目标全部实现后的理想生活

你最想和谁生活在一起？

____

____

____

你喜欢做什么？

____

____

____

这样的生活如何开始？

____

____

____

你会到哪儿去开始这样的生活？

____

____

____

这样惬意的日子结束时你会有何感受？

____

____

____

（二）理论法

在广泛了解多种职业的基础上，根据个人意愿确立职业生涯目标。一个简便的途径是浏览招聘网站，查看各类职位信息，通过深入了解各职位的具体职责与任职条件，初步锁定目标。然而，这种方法确立的目标仅为理论上的选择，未必完全符合个人真实意愿。因此，建议广泛阅读职位信息，选定具体职位后仔细与自身条件进行对比分析。

（三）实践法

实践法是通过参与实际的职业活动、行业交流、公司项目以及社会活动，亲身体验各职业特点后形成的职业目标。在实际操作中，人们可能因一时冲动或受到某种启发而确定职业目标，随后积极参与相关活动，丰富阅历，并在实践中评估自己是否适合并有能力向该目标发展。

（四）专业定向法

此方法基于当前所学专业，规划未来的职业方向。若对所学专业充满热情，毕业后很可能选择与之相关的职业，如工程造价专业的学生可能倾向于成为造价员、造价咨询师或造价工程师等。但若对专业不感兴趣，则需考虑通过转专业、辅修或选修其他专业课程，甚至跨专业考研等方式，来重新调整和确定自己的职业方向。采用专业定向法时，应深入探索已选定的职业领域，并在定向过程中尽量拓宽职业选择范围。

拓展园地

职业生涯目标制订的“SMART”原则

在制订职业生涯目标时，可以遵循“SMART”原则。

1. 目标必须是具体的（Specific）

这是指目标必须是清晰的，可产生行为导向的。比如，“我要成为一个优秀的大学生”不是一个具体的目标，而“学期末平均成绩在80分以上”才算得上是一个具体的目标。

2. 目标必须是可以衡量的（Measurable）

这是指目标必须用指标量化表达。例如，“学期末平均成绩在80分以上”的目标，就对应着量化的指标“分数”。

3. 目标必须是可以达到的（Attainable）

这里“可以达到的”有两层意思：一是目标应该在能力范围内，二是目标应该有一定难度。一般人在这点上往往只注意前者，其实后者也相当重要。目标经常达不到的确会让人沮丧，但同时要注意，太容易达到目标也会让人失去斗志。

4. 目标必须和其他目标具有相关性（Relevant）

这里的“相关性”是指与现实生活相关，而不是简单的白日梦。

5. 目标必须具有明确的截止期限（Time-bound）

目标必须是“基于时间”的目标，是指目标必须确定完成的日期。要确定最终目标的完成时间，还要设立多个小时间段上的“时间里程碑”，以便进行工作进度的监控。

第二节　掌舵：决策的艺术

在大学生涯中，职业决策是一个至关重要的环节。它不仅是大学生将所学知识与未来职业发展方向相结合的关键一步，更是个人成长和发展道路上的一次重要抉择。职业决策的正确与否，直接关系到大学生未来的职业发展和人生轨迹。

对于大学生而言，职业决策不仅是对自己兴趣、能力和价值的重新审视，更是对未来职业生涯深思熟虑的规划。在这个过程中，大学生需要了解自己的优势与劣势，分析市场需求和行业发展趋势，明确自己的职业定位和发展方向。同时，还需要考虑自己的价值观、兴趣爱好和长期职业规划，以确保做出的决策既符合自己的期望，也能适应社会的需求。

然而，职业决策并非易事。面对复杂多变的职业市场和日益激烈的就业竞争，许多大学生在职业决策过程中感到迷茫和无助。他们可能对自己的职业兴趣和能力认知不足，也可能对市场需求和行业发展缺乏了解，导致无法做出明智的决策。因此，大学生需要掌握一定的职业决策方法和技巧，以更好地进行职业规划和决策。

一、职业决策概述

（一）职业决策的概念

职业决策也称为职业生涯决策或职业决定，是个人综合对自我的认识以及对教育与职业等外在因素的判断，面临生涯抉择情境时所做的各种反应。

职业决策的构成要素包括：决策者个人目标、可供选择的方案与结果，以及对各个结果的评估。而其过程与结果，则受到机会、结构、文化等社会因素，以及个人价值观与其他内在因素的影响。职业决策的内容包括：选择何种专业与行业；选择行业中的哪一种职业（工作）；选择适用的策略，以获得某一特定的工作；选择工作地点；选择工作的取向，即个人的工作作风；选择生涯目标或系列的升迁目标。

（二）大学生的职业决策类型

大学生的职业决策过程纷繁复杂，可大致归纳为以下几类，每类均反映了不同的决策风格与心理状态。

1. 拖延型决策

此类决策风格倾向于非程序化或不确定型，表现为对重大职业选择的持续推迟与延宕。比如，大学生可能直到毕业前夕才匆忙决定职业方向，对所学专业不满却迟迟不采取行动调整，或是在求职时因犹豫不决而错失良机，最终只能接受有限的选择。

2. 宿命型决策

这种风格倾向于将职业选择交由外部力量（如命运、学校、家长）决定，而非主动把握。大学生可能采取被动态度面对就业问题，依赖外部安排而非自我探索与规划，结果往往难以获得理想的工作岗位。

3. 顺从型决策

同样属于风险型或不确定型决策范畴，学生在此类决策中倾向于遵从他人（如父母）的意愿，即便这些决定与个人兴趣或志向不符。这种顺从可能源于压力、依赖或是对权威的畏惧，导致个人内心产生不满与抱怨。

4. 麻痹型决策

在高压或过度焦虑状态下，学生可能因害怕承担决策后果而选择逃避，无法做出任何关于未来的决定。这种麻痹状态既可能由于自我压力，也可能受外界期望所迫。

5. 直觉型决策

此类决策基于个人的直觉与感觉，而非详尽的分析与规划。尽管直觉有时能带来意外之喜，但它也依赖于个人的经验、洞察力及判断力。例如，有人仅凭直觉选择成为演员，即便面临激烈的市场竞争。

6. 冲动型决策

这种风格表现为对选择缺乏深思熟虑，仅凭一时兴起或冲动行事。在职业选择中，若学生未能全面评估各选项而仓促决定，可能导致不良后果。

7. 苦闷型决策

这属于不确定型决策的一种，表现为处于信息过载却无法做出决断的困境。大学生可能收集了大量职业信息，却因无法有效筛选与决策而长期处于犹豫状态，影响职业规划的进展。

8. 计划型决策

作为程序化决策的代表，这种风格强调在职业决策中的主动性与前瞻性。大学生通过制订详尽的职业发展规划，结合个人经验、兴趣与价值观，做出既可行又满意的职业选择。此类决策风格在激烈的就业市场中尤为可贵，值得提倡。

此外，大学生的职业决策还可进一步细分为事业型（追求职业成就与自我价值实现）、实惠型（注重物质利益与稳定性）、虚荣型（受社会声望与地位影响）、平庸型（缺乏明确目标，随波逐流）、盈余负载型（考虑家庭或社会责任）、超越型（追求创新与变革）等多种类型，每种类型都反映了学生不同的职业价值观与追求。

（三）职业决策的影响因素

决策难，其一是因为决策总是具有风险性，要求我们为其后果承担责任；其二是因为它的复杂性——有诸多因素可能会影响到我们的最终决策。职业辅导理论家克朗伯兹将影响个人职业决策的因素划分为以下四类。

1. 遗传特征与特殊能力遗传因素

包括种族、性别、外在的仪表和特征、身体健康程度等；个人的特殊能力包括职业偏好、智力、音乐能力、美术能力、动作协调能力等。例如，在现阶段的大学生就业中，性别因素仍然或多或少影响到求职者是否有机会参与面试和被录用。而身高、体形、健康状况等先天条件在诸如模特、文艺工作者、军人等职业的招募中也占据了重要的地位。个人的特殊能力则会影响其在环境中的学习经验，以及伴随这些学习经验而来的兴趣与技能，对个人未来职业规划等也有较大的影响。

2. 环境条件

在探讨大学生职业决策的过程中，我们不可忽视来自外部环境的一系列重要因素。这些外部条件既包含人类社会活动的各个方面，如社会结构、文化背景、政治局势以及经济状况等人为因素，也涵盖了由自然力量主导的变量，比如自然资源的地理分布、自然灾害等不可抗力。例如，家庭经济状况是影响职业选择的重要因素，贫困家庭的学生可能面临更多的经济压力和职业限制。

3. 学习经验

这里所说的“学习”是广义的学习，即每个人在日常生活中不断积累的经验和认识。学习经验包括个人作用于环境的经验和环境作用于个人的经验两种。例如，某同学在上小学的时候恰好遇上了一位特别和蔼可亲、循循善诱的语文老师，于是对语文产生了浓厚的学习兴趣，对老师这一职业也怀有美好的向往。在成年后，他最终选择语文老师为自己的终身职业。由此可见，每个人在其成长过程中都积累了无数的学习经验，个体的学习经验是独特的，而这对于个体的职业生涯选择又具有重要的影响。

4. 工作取向技能

前面提到的三种因素会以一种交互影响的方式使个人形成特有的工作取向技能，这些工作取向的技能包括解决问题的能力、工作习惯，工作的标准与价值，情绪反应，知觉和认知的历程（如选择、注意、保留、符号知觉等心理过程）等。在现实生活中，有几类学生往往无法做出选择或做出正确选择：第一类学生似乎有很好的知识储备，对自己的各种选择也很了解，但常常会做出错误的职业决定，他们总是不断尝试“纠正”错误，而不懂如何减少错误，究其原因是大多没有职业规划的意识和知识，也没有对自我的能力、兴趣取向进行系统、准确的评估；第二类学生，做了大量的测验去了解自己的兴趣、价值观和技能，但依然不能做出决策，不能对各种信息进行加工从而做出选择或正确的选择，究其原因是大多没有良好的社会支持系统，参与社会实践活动少，对职业缺乏了解；第三类学生对自己的能力取向、兴趣取向都知之甚少，他们盲目地相信周围权威人物的决定，往往无法做出正确选择，究其原因是大多没有把信息收集好、整理好或者没有收集到有用的信息，无法进行评估；第四类学生对自我和职业都比较了解，但受“好工作就是待遇好、舒适的工作”“就业市场我没有选择他人的权利，只能被他人选择”等错误观念的影响，而在职业决策过程中消极退缩，这主要是社会经验不足、视野不够开阔、自信心不足等原因导致其没有形成正确的职业价值观。

拓展园地

了解影响决策的因素

首先写下3个你已经作出的决定，然后在表5-3、5-4中填写哪一个因素影响你的决定，影响的程度有多大。用△代表决定1，用□代表决定2，用○代表决定3。

决定1（△）：

决定2（□）：

决定3（○）：

表5-3 影响决策的外部因素

外部因素	轻微影响	中度影响	强烈影响
1. 家庭成员的期望			
2. 家庭责任			
3. 文化传统			
4. 政策变化			
5. 生存需要			
6. 其他因素（具体说明）			

表5-4 影响决策的内部因素

内部因素	轻微影响	中度影响	强烈影响
1. 缺乏自信			
2. 对变化的恐惧			
3. 害怕作出错误决定			
4. 害怕失败			
5. 害怕嘲笑			
6. 其他因素（具体说明）			

作出任何一个合理的职业生涯决策，都需要考虑和分析决策的目标、选择、结果、评价，这也被称为职业生涯决策的四大要素。为确保四大要素的合理性，在进行职业生涯决策时，还要考虑以下几个问题。

- 我可以做什么：分析环境中的挑战与机遇。
- 我能够做什么：分析自己的优势与限制。
- 我想要做什么：个人的价值取向、兴趣爱好等。
- 我应该做什么：是否符合社会价值、家庭期望、个人期望等。

二、职业决策的定位

难以找到工作的大学生，一般有三种情况：不知道自己职业定位的人；缺乏就业竞争力、缺少求职技巧的人；不愿意从基层做起，不愿意从事平凡工作的人。辉煌来自平凡，也来自脚踏实地，伟大目标的实现都是从立足生存开始，追求梦想，从最基层的工作干起。大学生的职业定位显得格外重要。

职业定位的确定需要综合考虑多方面的因素，概括起来，大致可分为如图5-2所示的三个方面。

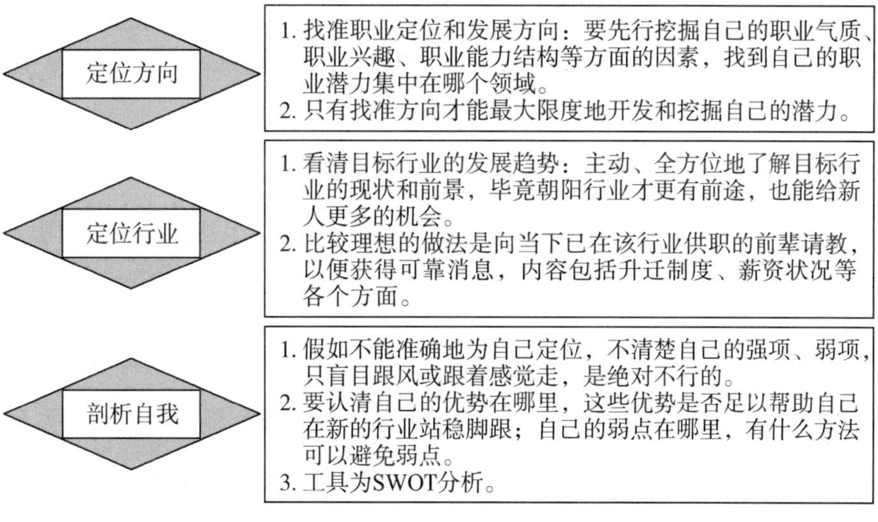

图5-2 职业决策的定位

三、职业决策的过程与方法

（一）职业生涯决策的基本过程

一般情况下，一个完整的职业决策包括许多环节，要进行多次比较分析，但这些环节和分析都围绕两个过程开展，即定义目标和选择目标。简单地说，大学生的职业决策就是在对自身条件和客观条件正确分析的基础上，定义和选择目标的过程。大学生职业决策的基本过程如图5-3所示。

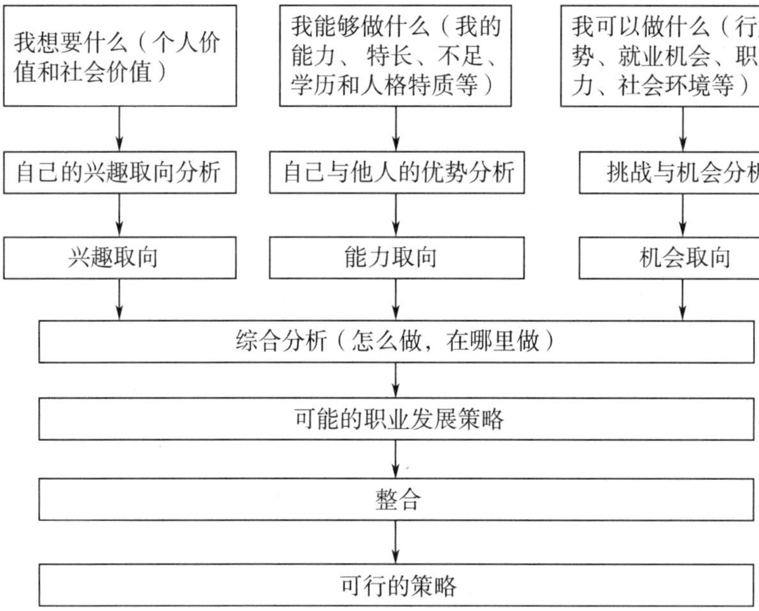

图5-3　职业决策的基本过程

在图5-3职业决策过程的三个问题中，我们可以发现，“我想要什么”和“我能够做什么”主要由个人的价值观和人格特征决定，这跟个人的生活积累、气质类型等有密切的关系，由成长环境和遗传因素决定；“我可以做什么”主要由环境需求、社会背景和个人对自我认知等方面的因素决定。应该说，职业决策的过程是一个循环、动态发展的过程，兴趣取向、能力取向和机会取向三者的发展呈现相互促进的正相关关系。

对一名大学生而言，成功的职业决策，要达到四吻合，即性格和职业的吻合、兴趣和职业的吻合、能力和职业的吻合、气质和职业的吻合；同时要能为社会和家庭所用，能对社会和家庭的发展起到良好的促进作用。因此，完美的职业决策能使个体通过所选择的职业获得愉悦的内心体验，能达到工作成效、社会成效和个人幸福感、家庭幸福感的完美统一。

（二）职业生涯决策方法

职业生涯决策有很多技术和方法，有定性分析，也有量化分析，进行职业生涯决策往往需要应用多种方法。

1. 计划型决策：CASVE循环

计划型决策由沟通（communication）—分析（analysis）—综合（synthesis）—评估（evaluation）—执行（execution）五个步骤组成，其英文缩写为“CASVE循环”。

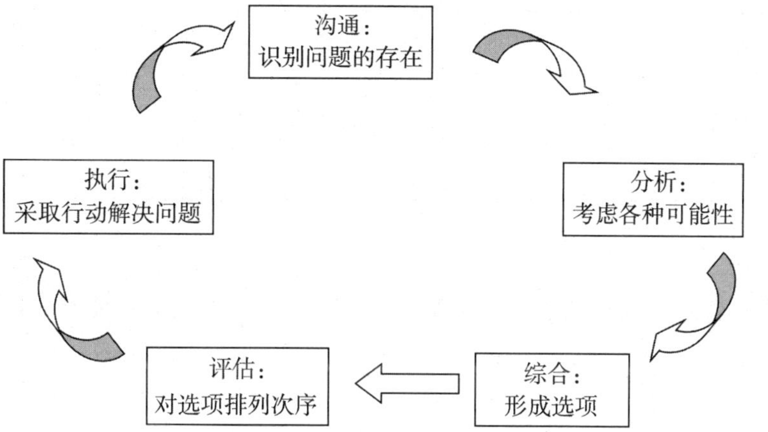

图5-4　CASVE循环

拓展园地

分析你的决策CASVE循环

请使用CASVE循环来分析你在第一个练习中所写的五个重大决策以及你现阶段面临的职业决策问题。

1. 你是怎样意识到自己的需求的？

____

____

2. 你是如何分析这个问题、收集相关信息的？

____

____

3. 你是如何形成解决方案的？以今天的眼光，你是否能看到自己当时所没有看到的其他可能性？

____

____

4. 你是如何在不同的解决方案之间作选择的？你的选择标准是什么？

____

____

5. 你是如何落实行动的？过程是否如你所预期的那样？

____

____

6. 你怎样评价自己当时的决策过程？你对结果感到满意吗？如果不满意，是因为哪个步骤出了问题？

____

____

7. 分析了五个重大决策的过程之后，你对于自己的决策模式有什么新的了解？这对你处理现阶段所面临的职业决策问题有什么指导意义？

____

____

2. 决策平衡单法

平衡单法将不同的选择方案放在自我、他人、精神、物质四个维度进行评估，兼顾了内部需求和外部环境因素，是一种职业生涯决策的好方法。该方法用于决策职业生涯方向很有效。平衡单法可以帮助我们具体地分析每一个可能的选择，考虑各种方案实施后的利弊得失，最后排出优先顺序，确定选择。

在自我物质方面的考虑因素主要包括：薪水、福利待遇、工作环境、休闲时间、生活变化、工作胜任程度、升迁机会、对健康的影响等。在他人物质方面的考虑因素主要包括：给家庭带来的经济支持，对家庭地位的影响，与家人相处的时间等。在个人精神方面的考虑因素主要包括：成就感、自我实现、生活方式、工作的挑战性、社会地位和声望的影响等价值观以及个人兴趣爱好、家人是否支持等。在他人精神方面主要涉及父母、配偶、师长的意见等。这些因素是平衡单法的重要组成部分，也是对每个可能的选择进行理性分析的重要内容。

拓展园地

生涯决策平衡单

在进行职业选择时，有时会碰到两个甚至两个以上不同职业发展方案的选择问题，此时如果能进行直观的量化，就会对自己的职业生涯目标更加清晰。职业决策平衡单法可以通过打分的方式，量化各项职业选择的分数，帮助大学生进行职业生涯目标的决策。职业决策等平衡单如表5-5所示。

表5-5 生涯决策平衡单

职业决策考虑要素	重要性的权数（1—5倍）	第一职业方案		第二职业方案		第三职业方案	
		得（+）	失（-）	得（+）	失（-）	得（+）	失（-）
内在精神方面的得失	成就感、能力、兴趣、社会声望等						
内在物质方面的得失	收入、升迁、工作难度等						
外在精神方面的得失	对父母、配偶的影响等						

续表

职业决策考虑要素	重要性的权数（1—5倍）	第一职业方案		第二职业方案		第三职业方案	
		得（+）	失（−）	得（+）	失（−）	得（+）	失（−）
外在物质方面的得失	家庭经济等						
加权后合计							
加权后得失差数							

职业决策平衡单的操作方法如下。

第一步，确定职业决策考虑因素。

职业决策要考虑的因素可分为内在部分和外在部分。内在部分可以分为两个方面：一是自我精神部分，包括自己的能力、兴趣、价值观、心理需求（自尊、自我实现）、生活方式的改变、成就感、自我实现的程度、兴趣的满足挑战性、社会声望的提高、发挥个人的才能等；二是自我物质部分，包括升迁的机会、社会地位、工作环境、工作发展前景、工作内容、休闲时间、生活变化、对健康的影响、足够的社会资源、能提供的培训机会、就业机会等。

外在部分也可分为两个方面：一是外在精神部分，包括师长、家人的支持、择偶及建立家庭、与家人相处的时间、家庭地位等；二是外在物质部分，包括优厚的经济报酬、足够的社会资源等。

第二步，利用职业决策平衡单进行职业生涯目标的决策。

列出3—5个职业生涯发展方向，分别填到职业决策平衡单的职业方案中。具体方法为：在第一栏“职业决策考虑要素”中，根据对自己而言职业选择的重要性和迫切性，赋予它权重；加权范围1—5倍，填写到“权重”一栏。权重即自己在进行职业选择时所看重的东西，某要素的权重越大，说明自己越看重该要素。

在使用决策平衡单的时候，要注意其目的不仅在于得出最后的排序结果，填写的过程也很重要。因为列举各项考虑因素、给各项价值观分配权重以及给各项选择打分的过程本身，就是在帮助个人理清自己的思维。这样一个仔细思索和反复推敲的过程，可能比单纯得出一个结果更为重要，更能够帮助个人作出适合于自己的决策。

第三步，打分。

根据第一栏中的职业决策考虑要素给每个职业方案打分，每个方案的得分或失分，可根据该方案具有的优势（得分）、缺点（失分）来回答，计分范围为1—10分（注：每个方案的得分或失分只能填一项）。

第四步，计分方法。

将每一项的得分或失分乘上权重，得到加权后的得分和失分，并分别计算出总和（加权后的合计）；再把加权后的"得失差数"算出来，并据此做出最终决定。得分越大，则该职业方案越适合自己。

3. SWOT分析法

SWOT分析法最早是由美国旧金山大学的管理学教授在20世纪80年代提出来的。SWOT分析是市场营销管理中经常使用的一种功能强大的分析工具，是检查个人技能、能力、职业、喜好和职业机会的有用工具。通过它，我们很容易知道自己的个人优点和缺点在哪里，并且能仔细地评估出自己感兴趣的不同职业道路的机会和威胁所在。

在制定生涯目标时，一要考虑到自身内部因素，二要考虑外部环境因素。SWOT分析法是一种有效的自我诊断方法，可以帮助大学生分析个人优点和弱点在哪里，并且评估出自己所感兴趣的不同职业道路的机会和威胁所在。S代表strength（优势），W代表weakness（弱势），O代表opportunity（机会），T代表treat（威胁），其中，S、W是内部因素，O、T是外部因素。从整体上看，SWOT可以分为两部分：上半部分为S、W，主要用来分析内部条件；下半部分为O、T，主要用来分析外部条件。利用这种方法可以从中找出对自己有利的、值得发扬的因素，以及对自己不利的、要避开的东西，发现存在的问题，找出解决办法，并明确以后的职业发展方向。如表5-6所示。

表5-6　SWOT分析法

内部个人因素	优势（Strength）：自己可以控制并且可以利用的内在积极因素	弱势（Weakness）：自己可以控制并努力改善的内在消极因素
	什么是我最优秀的品质？ 我曾做过什么？ 最成功的是什么？ ……	我的性格有什么弱点？ 经验或者经历上还有哪些缺陷？ 最失败的是什么？ ……
外部环境因素	机会（Opportunity）：自己不可控制，但可利用的外部积极因素	威胁（Threat）：自己不可以控制但可以弱化的外部消极因素
	社会环境对你的发展目标的支持 地理位置优越 专业发展带来的机会 就业机会增加 ……	名校毕业的竞争者 同专业的大学生带来的竞争 ……
自己真实的优势优点：		
总体鉴定：（评估自己制定的生涯发展目标）		

进行SWOT分析应注意以下方面：一要对个人的优势与劣势有客观的认识，不要过分夸大自己的优势，也不要过于自卑，把自己看得一无是处，应客观全面。同时要区分个人的现状与前景。二要与其他专业的同学或计划从事同一职业的竞争者进行比较，了解自己的优势与劣势。同时在进行SWOT的分析时，要注意SWOT分析法的简洁化，避免复杂化与过度分析。

拓展园地

仔细地对自己做一个SWOT分析评估，列出你五年内最想实现的3—5个职业生涯目标。

表5-7 SWOT分析法

	个人优势（S）	个人劣势（W）	环境机会（O）	环境阻碍（T）
总体分析				
发展计划				

4. “5W”法

（1）“5W”的内涵

①Who am I?

我是谁？

②What will I do?

我想做什么？

③What can I do?

我能做什么？

④What does the situation allow me to do?

环境支持或允许我做什么？

⑤What is the plan of my career and life?

我最终的职业生涯目标是什么？

以上5个“W”涵盖了目标、定位、条件、距离、计划等诸多方面，回答以上五个问题并找到它们的共同点，有助于进行职业生涯规划。

（2）如何思考“5W”

①我是谁？

要回答这一问题，必须对自己进行深刻的反思，把自己的优点和缺点一一列出来，从而形成一个比较清醒、全面的自我认识。我想做什么？这一问题要求大学生对自己的职业发展心理进行检查。每个人在不同阶段的兴趣和目标并不完全一致，有时甚至是完全对立的，但随着年龄和经历的增长，个人的兴趣和目标会逐渐固定下来，并形成自己的终生理想。

②我能做什么？

个人职业的定位最终以自己的能力为根本基础，而其职业发展空间的大小则取决于自己的潜力，因而，必须对自己的能力与潜力进行全面总结。对于自身潜力的了解应该从以下几个方面着手：个人兴趣、毅力、临事判断力与决断力，知识结构是否全面、是否及时更新等。环境支持或允许我做什么？环境对于职业选择的重要影响主要来自客观方面，如家庭支持、朋友关系、同事关系、领导态度、亲戚关系等。对于涉世未深的大学生来说，后者的人为因素更加明显，职业发展也很容易受家人、朋友等人态度的影响。

③我最终的职业生涯目标是什么？

明晰了前面四个问题，就能从各个方面找到对自己有利的和不利的条件，那么，对于第五个问题自然就有了一个清楚明了方向，从而可以发现不利条件最少的、自己想做而且又有希望实现的最终职业生涯目标。

拓展园地

“5W”法的实际操作

（1）Who am I?（我是谁？）

优势：____________________

____

不足：____________________

____

（2）What will I do?（我想做什么？）

____

____

____

（3）What can I do?（我能做什么？）

（4）What does the situation allow me to do?（环境支持或允许我做什么？）

支持：

限制：

（5）What is the plan of my career and life?（我最终的职业生涯目标是什么？）

为了我的职业目标，我的计划是：

四、职业决策的步骤及原则

（一）职业决策的步骤

克朗伯兹提出了职业决策模式，认为在进行个人职业决策时应采取八个步骤。而后又对此模式进行了修正，修正后的职业决策模式将决策过程分为七个主要步骤，如图5-5所示。

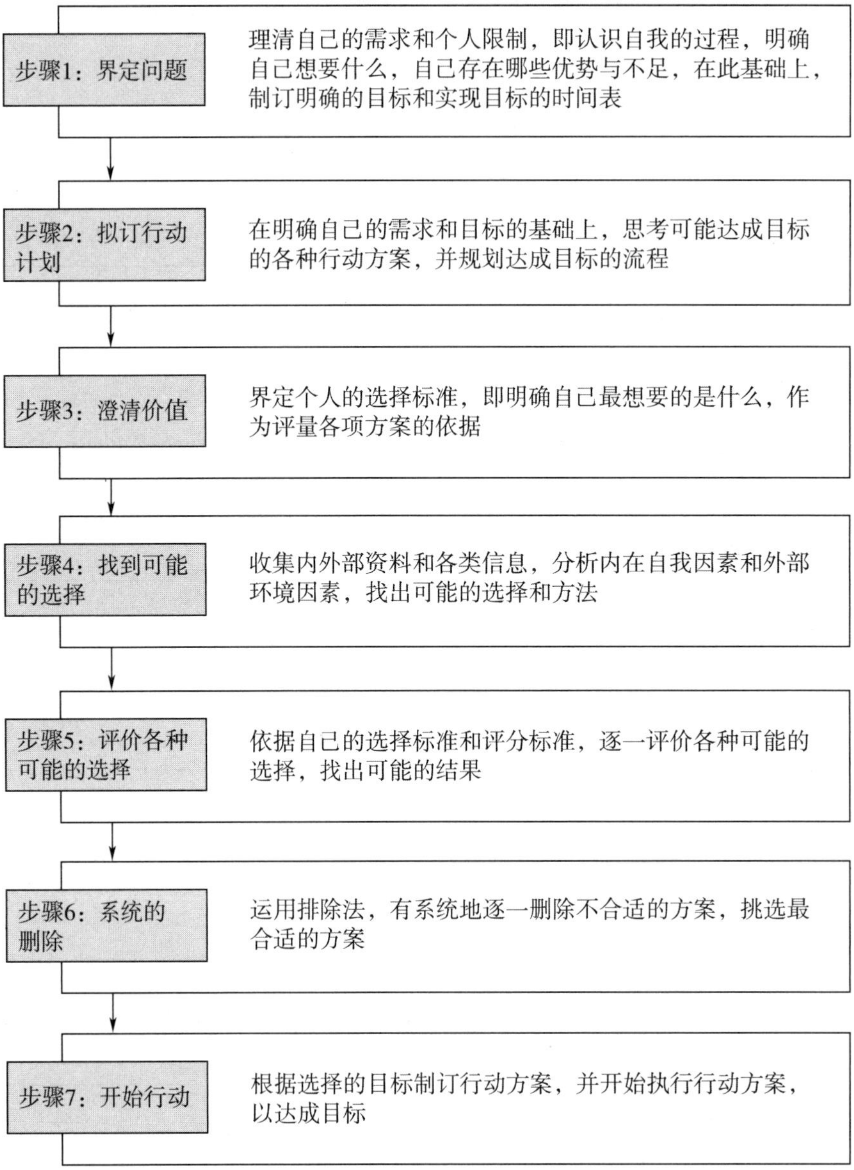

步骤1：界定问题
理清自己的需求和个人限制，即认识自我的过程，明确自己想要什么，自己存在哪些优势与不足，在此基础上，制订明确的目标和实现目标的时间表
步骤2：拟订行动计划
在明确自己的需求和目标的基础上，思考可能达成目标的各种行动方案，并规划达成目标的流程
步骤3：澄清价值
界定个人的选择标准，即明确自己最想要的是什么，作为评量各项方案的依据
步骤4：找到可能的选择
收集内外部资料和各类信息，分析内在自我因素和外部环境因素，找出可能的选择和方法
步骤5：评价各种可能的选择
依据自己的选择标准和评分标准，逐一评价各种可能的选择，找出可能的结果
步骤6：系统的删除
运用排除法，有系统地逐一删除不合适的方案，挑选最合适的方案
步骤7：开始行动
根据选择的目标制订行动方案，并开始执行行动方案，以达成目标

图5-5　职业决策的步骤

（二）大学生职业决策的原则

1. 兴趣导向原则

在选择职业时，大学生应优先考虑自己的兴趣和爱好。因为兴趣是持久工作的动力，只有对从事的工作充满热情，才能保持长期的投入和专注。

2. 能力匹配原则

大学生需要评估自己的能力和技能，选择与自身能力相匹配的职业。这样不仅可以提高工作效率，还能在工作中获得成就感，有助于个人职业发展。

3. 市场需求原则

了解当前和未来的就业市场趋势，选择具有发展潜力和就业前景的职业。这有助于避免盲目跟风，减少就业风险。

4. 可持续发展原则

在选择职业时，大学生应考虑职业的长期发展潜力和个人成长空间。选择一个具有广阔发展前景的职业，有利于个人职业生涯的长期规划和成长。

5. 价值观一致原则

职业选择应与个人的价值观相契合。大学生应明确自己的价值观和人生目标，选择与之相符的职业，以实现个人价值和社会价值的统一。

思考与练习

反思个人的决策风格

1. 请回想迄今为止你在生活中所作的五个重大决定，并按以下几个方面予以描述。

目标或当时的情境：

____

____

____

你所有的选择：

你作出的选择：

你的决策方法：

对结果的评估：

2. 想一想：你如何描述自己在上述几项中的决策风格？它们有共同之处吗？回顾自己通常采用哪种决策模式。

我的五个重大决定：

我在重大事件上通常采用的决策风格：

____

____

____

____

____

3. 常见的决策模式有以下几种：

- 痛苦挣扎型
- 冲动型
- 拖延型
- 直觉型
- 宿命型
- 从众或随大流型

哪种决策风格最能说明你的情况？

____

____

____

____

____

第六章

制定航线：职业生涯规划

学习目标

1. 能为自己制定职业生涯规划路线。

2. 掌握职业生涯行规划书的主要内容。

3. 能对自己的职业生涯规划方案进行评估与修正。

一座灯塔

理想指引人生方向，信念决定事业成败。没有理想信念，就会导致精神上“缺钙”。中国梦是全国各族人民的共同理想，也是青年一代应该牢固树立的远大理想。中国特色社会主义是我们党带领人民历经千辛万苦找到的实现中国梦的正确道路，也是广大青年应该牢固确立的人生信念。

——习近平在同各界优秀青年代表座谈时的讲话

一面镜子

小张是一名大一新生，刚进入大学时，他像很多新生一样，对未来充满了迷茫和不确定。他不知道自己应该选择什么专业方向，也不知道将来想要从事什么职业。为了摆脱这种困境，小张决定进行职业生涯规划。

首先，小张开始深入了解自己的兴趣、特长和价值观。他发现自己对计算机科学和技术非常感兴趣，并且在这一领域有一定的天赋。同时，他也认为技术能够为社会带来积极的影响，这与他的价值观相符。

基于这些自我认知，小张明确了自己的职业目标：成为一名优秀的软件工程师，并致力于开发能够改善人们生活水平的应用程序。有了明确的目标，小张开始有针对性地规划自己的大学学习和实践经历。

在课程选择上，小张除了修读计算机科学的核心课程外，还选择了一些与软件开发、用户体验等相关的选修课程。这些课程不仅帮助他丰富了知识储备，也提升了他在这一领域的竞争力。

同时，小张还积极参加学校的实践项目、实习和竞赛。通过这些经历，他不仅将理论知识应用到了实际中，还积累了宝贵的工作经验。这些经历不仅让他的简历更加丰富，也让他对未来的职业生涯有了更加清晰的认知。

通过职业生涯规划，小张在大学期间的学习和生活变得更加有目标、有计划。他不仅明确了自己的职业方向，也在这个过程中不断提升自己的能力和素质。毕业后，他成功进入一家知名科技公司，实现了自己的职业目标。

大学生职业生涯规划对于个人发展具有重要意义。它能够帮助大学生明确自己的职业目标，有针对性地规划学习和实践经历，提升个人竞争力，为未来的职业生涯打下坚实的基础。因此，大学生应该重视职业生涯规划，尽早明确自己的职业方向，并为之付出努力。

第一节　绘制职业航线图

职业生涯路线是指大学生在确定职业生涯目标后从什么方向上实现自己的职业目标，包括由低级向高级步步上升的职业发展阶梯，使自己可以逐步迈向已设定的职业目标。大学生通过选择和规划自己的职业生涯路线，可以推动职业生涯目标的实现。

基于已经明确的职业路线，大学生可以开始着手制定职业生涯规划书。规划书是对职业路线的具体化和细化，它包含了大学生在大学期间需要完成的学习任务、实践经历、技能提升等方面的详细规划。通过制定规划书，大学生可以将自己的职业目标分解为具体的行动步骤和时间节点，使规划更具可操作性和可衡量性。同时，规划书也是大学生在求职过程中的重要材料，能够充分展示自己的职业准备和未来发展潜力。

一、大学生职业生涯路线选择的方向

不同的职业生涯路线有着不同的职业发展情景，对大学生的能力素质要求是不同的，这没有绝对的好与坏，只存在是否适合的问题。有的人适合搞科学研究，能够在研究领域求得突破；有的人适合做领导，可以成为一名优秀的管理人才；有的人适合创业，可以成为一名优秀的企业家。

（一）专业技术型发展方向

专业技术型发展方向是指工程、财会、生产、法律、教育、医疗等职能性专业发展方向。其共同特点是：都要求有一定的专门技术性知识与能力，并需要有较好的理论研究和分析判断能力，这些能力必须经过长期的培训与锻炼才能具备。如果你对专业技术内容及其活动本身感兴趣，并追求这方面能力的提高和有所成就，喜欢独立思考，并不喜欢从事管理活动，那么专业技术型发展道路就是你最好的选择。相应的发展阶梯是技术职称的晋升、技术性成就的认可，以及奖励等级的提高和物质待遇的改善。如果你在开始时选择了专业技术方向，仍然对管理有兴趣，并且希望在管理领域做出一番事业，也完全可以采取跨越式发展。也就是说，可以一开始从事某种技术性专业，不断积累充实自己的专业知识，打下坚实的技术基础，然后在适当的时候，转向专业技术部门的管理职位。

（二）行政管理型发展方向

如果你很喜欢与人打交道，处理起人际关系问题总是感到得心应手，并且由衷地热爱管理，考虑问题比较理智，善于从宏观角度考虑问题，并善于影响他人，那么行政管理型发展道路就是你最恰当的选择。把管理这个职业本身视为自己的目标，相应的发展阶梯一般是从基层职能部门开始，然后向中级职能部门及高级职能部门逐步提升。随着管理职位的上升，管理的权限会越来越大，承担的相应责任也会越来越大。行政管理型发展路线对个人素质、人际关系技巧的要求很高。

（三）自我创业型发展方向

如今，越来越多的大学生开始选择自主创业的道路。客观上，大学生创业要有良好的机会和适宜的土壤；主观上，创业人是不仅要有强烈的创造与成就愿望，而且心理素质要好，能够承受巨大的心理压力和具有承担风险能力，还要有创新思维，善于开拓新领域，开发新产品。

不管你选择哪种职业生涯发展路线，最重要的是一定要结合实际，综合考虑自己的个性、价值观、兴趣、能力等自身条件和社会组织环境，反复权衡后再确定。

二、大学生职业生涯路线选择的注意事项

大学生在确定自己的职业目标和选择自己的职业生涯路线之后，可能会存在两种错误的认识：一是可能认为未来发展是不确定的，规划目标与路线是无意义的，因此投入精力不够，执行起来则更为不力；二是可能会固守自己确立的目标和选择的路线，而不考虑自身与环境的改变，从而影响职业目标的实现。因此，大学生在选择职业生涯路线过程中，尤其应当考虑不同企业的职业生涯阶梯设置模式和新的职业发展路线的拓展方法。

（一）要与组织职业生涯阶梯保持一致

职业生涯发展阶梯是组织为内部雇员设计的自我认知、成长和晋升的人力资源管理方案，决定组织人员内部晋升的条件、方式和程序的政策组合。组织职业生涯发展阶梯模式的设置，为组织内的各类员工提供可能的发展通道，尽最大可能调动员工的积极性和创造性，提高员工对组织的忠诚度，促进组织的可持续发展。

了解组织的职业生涯阶梯的设置模式，对于大学生职业生涯路线的选择与实施有着重要的意义。大学生在职业选择时，要了解组织的职业生涯阶梯设置模式，并尽可能选择职业生涯阶梯设置科学合理的、可为员工提供多通道职业发展路线的组织，这类组织为个人提供更多职业发展机遇，更有利于自身的发展。同时，职业生涯路线的选择不是固定不变的，可能在一定时期出现交叉与转换，个人必须根据自身实际和具体情境做出选择与转换。

（二）要不断拓展自己的职业发展路线

大学生在未来实施职业生涯路线的进程中，可以根据不同的实际情况不断习得实用技能，通过继续教育或培训充电的方式进入新领域，选择从事第二职业，以在公司内部谋求新机会，开拓新的职业发展领域等形式拓展职业发展路线。构建实用操作技能。这是职业生涯发展的基础。如果你掌握一些核心技能和知识，并擅长运用它们，就可以考虑把它们延伸到不同的行业和领域。

当你希望进入一个新的领域，而这个领域有别于你原有的知识背景，取得相应的新领域的教育证书将对你的职业生涯有所帮助。

三、撰写职业生涯规划书

职业生涯规划书撰写的过程其实也是一个制订和审视自己的职业生涯发展规划的过程，可以帮助同学们进一步理清思路、明确发展目标、细化阶段任务、认识不足和努力的方向。因此，职业生涯规划书的重要性越来越为人们认识并认可。近年来，在各地、各高校开展得如火如荼的大学生职业生涯规划大赛，其中必有的一个环节就是提交完整的职业生涯规划书。因此，同学们要学会职业生涯规划书的撰写。

（一）职业生涯规划书构成要素

一份完整的职业生涯规划书通常包括封面、目录、正文、结束语等组成部分。

1. 封面

职业生涯规划书的封面通常由标题和个人基本信息等组成。标题可以为“我的职业生涯规划”，也可以是有创意的，例如“审视现在，创造未来”“我的规划我做主”“职业经理人的职业规划”等。为了美观，也可以对封面进行个性化设计。

表6-1 职业生涯规划书的封面（部分）

姓名：	性别：	出生年月：
学校：	联系：	专业：
电话：	电子邮件：	
规划开发时间：	规划终止时间：	年龄跨度：
撰写时间：		

2. 目录

目录是职业生涯规划书正文前所载的目次，是为大纲反映规划顺序、指导阅读、检索步骤等，这个可以按自己的风格来做，也可以按照传统式。不过最重要的是醒目、有条例、一目了然。

表6-2 职业生涯规划书的目录

3. 正文

（1）前言

这是职业生涯规划书正文的第一个部分，前言可以写自己进行职业规划的缘由、背景和总体目标及它的重要性或者意义，同时可以谈谈你对职业生涯规划的看法。用语要简约，文字篇幅不宜过长，最好不超过500字。

（2）自我认知

在自我认知中，可以分为职业兴趣、职业能力、职业价值观、个性特征、自我认识小结。把这几项作为分析和总结的依据，分别对自己的测试结果作出一个总结和说明。

自我认知中除了这几个方面，还可以谈谈自我认知相关测评工具使用后得到的一些结果，或者是自己表现出的特征。例如生命曲线图，其实就是对自我行为的盘点，也可以将这一项作为自我分析的内容进行书写。

表6-3 自我认知

使用标准化和非标准化评估的方法，我对自己进行了全方位的认知，主要内容如下： 1. 职业兴趣 通过霍兰德职业兴趣测试，我的职业兴趣前三项是××型（××分）、××型（××分）和××型（××分）。 具体分析：   2. 职业能力 通过职业能力倾向测试，我的××能力和××能力得分较高，分别为××分和××分；××能力和××能力得分数低，分别为××分和××分。 具体分析：   3. 职业价值观 通过测评，我的职业价值观前三项是××型、××型和××型，得分分别是××分、××分和××分。 具体分析：   4. 个性特征 经过MBTI人格测试，我属于××型人格类型。   5. 自我认知小结

（3）职业认知

职业认知主要有两个方面，一个是职业环境的认知，一个是职业本身的认知。一个是宏观的认知，一个是微观的认知，这两方面具体要分析的内容和方法，对职业分析作出综合说明。

表6-4 职业认知

通过直接认知法和间接认知法，我对职业环境进行了全面的探索，具体如下。 1. 社会环境分析 通过社会调查、职业调查等方式，我发现我国目前经济形势、就业形势、社会竞争等方面的特点表现为：   2. 职业环境分析 通过生涯人物访谈，我对将要从事的职业有了更为深入的了解，具体表现为：   3. 学校环境分析 我所就读的大学（学院）在组织机构、学习资源、活动资源方面的特点是：   4. 家庭环境分析 通过梳理家庭基本情况和绘制家庭职业树等方式，我总结了我的家庭在经济状况、家人职业分布、家人对我的期望等方面的特点是：   5. 职业认知小结

（4）职业决策

在自我认知和职业认知之后，自己根据个人的情况作出职业抉择，也就是确定自己的求职方向，以及求职职位。在这里我们可能就会选择一些工具，进一步比对，比如SWOT分析法，分析职业内外部不同的优势和劣势。天有不测风云，所以要为自己找到第二条甚至第三条职业道路，对辅助职业目标进行描述。

（5）确定行动计划书

行动计划书，可以从两个方面写，一是学业计划，就是在大学阶段如何通过学习来获得想要的职业。二是职业计划，就是在进入工作岗位之后的发展计划。学业计划即根据上面的各项分析，为自己制订出一个学习目标。比如大学一年级应该读多少本书，读什么样的书，大二年级应该在哪方面进行学习和提升，大三年级应该在哪方面进行学习，毕业后如何进行求职等。

（6）反馈及调整

在进行自我、职业认知以及职业决策和确定行动计划之后，还有一个重要的环节就是评估反馈及调整。规划很大程度上是基于预知，可能会因为在实践的过程中受到一些因素的影响而变化。所以还要依据实际过程中出现的问题对规划作出微小的调整。

4. 结束语

结束语作为整个职业生涯规划书的结束，写作的原则是简洁明了，对前述的内容作出一个总结即可。

职业生涯规划书的内容结构不是固定不变的，我们可以根据实际情况进行适当的调整。

拓展园地

表6-5　职业生涯规划书评分

评分要素	评分要点	具体描述
设计内容	自我认知（15分）	1. 自我分析清晰，全面、深入、客观，能清楚地认识到自己的优势和劣势
		2. 将人才测评量化分析与自我深入分析综合，客观地评价自我、职业兴趣、职业能力、行为风格，职业价值观分析全面、到位
		3. 从个人兴趣爱好、成长经历和社会实践中分析自我
		4. 自我评估理论、模型应用正确、合理
	职业认知（15分）	1. 了解社会的整体就业趋势，了解大学生就业状况
		2. 对目标行业发展前景及现状了解清晰，并了解行业中的就业需求
		3. 通过对行业内标杆组织的人力资源管理战略、企业文化等的分析，做到“人企匹配”
	职业认知（15分）	4. 通过对目标职位的工作职责、任职者所需技能等的分析，做到“人岗匹配”
		5. 通过对外部环境的分析，能清楚地认识到自己面临的机会、挑战以及对职业发展产生的影响
		6. 环境评估理论、模型的应用
	职业定位（15分）	1. 职业目标现实、合理
		2. 科学运用职业决策模型
		3. 要用长远的眼光设定职业目标，并将总目标划分成几个阶段性目标来实现
	规划与实施计划（15分）	1. 行动计划清晰、步骤明确、可操作性强
		2. 行动计划对保持个人优势、加强个人不足、全面提升个人竞争力有针对性、可操作性
		3. 近期计划详尽，中期计划清晰并具有灵活性，长期计划具有方向性
	评估与备选方案（10分）	1. 有明确的评估方法和时间点
		2. 对职业路径进行可行的、与时俱进的灵活调整，备选方案也要充分依据个人与环境的评估进行分析确定，备选路径与主路径要有相关性

续表

评分要素	评分要点	具体描述
设计思路	作品完整性（10分）	内容完整规范，对自我和外部环境进行全面分析，通过科学的决策方法提出自己的职业目标、发展路径和行动计划，有明确的评估方案
	作品思路和逻辑（10分）	职业规划设计报告思路清晰、逻辑合理，能准确把握职业规划设计的核心与关键
	作品美观性（10分）	作品的文字、图片结合得当，排版合理，整体美观大方

（二）职业生涯规划书撰写的基本原则和要求

1. 职业生涯规划书撰写的基本原则

撰写个人职业生涯规划书，需把握以下基本原则：

（1）真实客观

规划书的制订，真实性为第一要务。首先要根据自身的实际情况，对自己、环境、职业有准确、真实、客观、全面的认知，力求真实客观。切不可将自己的规划建立在虚假的幻想之上，这不但毫无指导意义，甚至会让人误入歧途。

（2）个性化

规划书的制订，要以自我为基础，所有的计划和实施方案都是根据自己的实际情况制订的，要符合自身的实际情况。制订过程中他人的意见或建议可以用来参考或借鉴，但不能缺少主见，甚至人云亦云。

（3）具体可行

规划书中的每一个目标或实施方案，都是建立在客观现实的基础上的，都有切实可行的措施，并且经过自己的不懈努力和奋斗是可以达到的。

（4）简明扼要

规划书的内容一定要言简意赅，力求一语中的，以简洁的文字或图表的形式把自己的意图表达出来；切不可一味堆砌华丽辞藻，洋洋洒洒下笔千言却离题万里。

2. 职业生涯规划书撰写的基本要求

（1）资料翔实，步骤齐全

收集资料有多种途径，可以采用访谈、从报刊图书中摘抄、上网下载等方式获取资料。要尽可能注明资料的出处，并多运用图表、数据来说明问题，以提高资料来源的可信度和说服力。步骤主要有以下几个：分析需求、分析条件及目标设定；分析阻碍因素和可行性研究；设计方案和提升（改变）计划；制订详细的实施计划和措施。

（2）论证有据，分析到位

要了解有关的测评理论及知识，认真审视并思考自己的测评报告，并对照自我认识与测评结果的异同，分析实际情况与测评结果形成差异的原因，从而确定自我评估结果，达到知己。要理清自己所处的位置（包括居住和喜欢的地方等），明确自己最大的兴趣是什么、最喜欢与之共事的人的类型、最重视的价值观、最喜欢的工作条件是什么，再通过当前环境评估（社会影响、家庭影响、学校因素、就业形势等）和当前社会环境分析（组织环境、技术发展、经济形势、政策法规的影响等）来确定自己的职业方向，做到有理有据、层层深入。

（3）言简意赅、结构紧凑、重点突出、逻辑严密

语言朴实简洁，用词精练准确，行文流畅，条理清楚，这是最基本的写作要求。撰写时还应密切注意整篇文章的结构和重心所在。职业生涯规划书一般包含对职业规划的认识、对自我的剖析、对所学专业的认识、对职业方向的探索及确定目标并制订计划这五个方面的内容。在对这些内容进行分析阐述时，必须紧紧围绕职业目标这条主线来展开，从而体现论述的逻辑性和连贯性。要将重点放在自我评估、环境评估、目标实施上。职业生涯规划是自己将来的规划，这个规划只有建立在对自我和职业充分认识的基础上才具备科学性和可行性。

（4）目标明确，合理适中

撰写职业生涯规划书要围绕论述的中心展开，职业生涯目标不能过于理想化，应“择己所爱”“择己所长”“择世所需”“择己所利”。职业生涯规划书撰写是否成功在很大程度上取决于有无正确适当、切实可行的目标。

（5）分解合理，组合科学，措施具体

目标分解、实现路径选择要有理论依据，而且备用路径之间要有内在联系性。目标组合要注意时间上的并进、连续，以及功能上的因果、互补作用。目标全方位的组合要涵盖职业生涯、家庭生活、个人事务等方面。

拓展园地

我的职业生涯规划书

一、引言

对每个人而言，职业生命都是有限的，若不进行有效的规划，势必会造成时间和生命的浪费。正如对于盲目航行的船来说，所有的风都是逆风。因此职业生涯规划是减少那些盲目行为的有效手段。

二、自我认知

（一）兴趣分析

通过霍兰德职业兴趣测评，我属于社会型。我是利他、细心、易合作、富有同情心、友好、感性、随和、负责任的人。具备社交能力，热衷于社会关系和助人。喜欢与人合作，关注他人的幸福，愿意帮助别人成长或解决困难，为他人提供服务。

自我鉴定：我偏爱商业活动，愿意冒险，喜欢挑战，在竞争中不断成长。喜欢探险，喜欢运动，喜欢舞蹈。

通过以上分析，我适合的岗位有：演员、营销师、导游等。

（二）性格分析

1. MBTI的测评结果

MBTI的测评结果：外向、感觉、情感、知觉。

2. 我的优势

工作时精力充沛，充满活力和乐趣；对迅速发生的改变适应良好；喜欢自然；有团队精神；对人的需要敏感，渴望以真正的方式帮助别人；具有使工作有趣、让人兴奋的能力；有丰富的常识；忠于自己所关心的人和组织；有上进心，在工作中容易创造生机勃勃、充满乐趣的氛围；愿意冒险和尝试新事物；渴望合作，以真实准确的方法帮助人；有稳定平和的心态；有韧性，在困境中不容易放弃。

3. 我的不足

难以独自工作，尤其是持续一段时间的独自工作；以表面价值接受事物，容易忽略深层、潜在的信息；时间管理上不够合理；难以作出决定；不喜欢过多的条条框框和官僚作风；冲动，容易被诱惑和迷惑；面对个人感情问题时，难以作出有逻辑的决定；对容易失败和没有把握的事情感到紧张和有压力。

4. 岗位特质

（1）喜欢在轻松友好的环境里工作，能和他人一起积极地工作，善于将工作变得充满乐趣。

（2）能够不断地从实际经验中学习，通过搜集具体而细致的资料，发现自己的不足和解决问题的办法。

（3）能够促进大家的合作，充分调动他人的能力和热情，灵活处理人际关系。

（4）工作有自我发挥的空间，较少受层级结构、规则和条条框框的限制。

（5）可以和客户直接打交道，深入参与和实践，而不愿意被排除在群体外。

5. 他人鉴定

朋友：热情，守信，真诚，随和，富有想象力。

长辈：懂事，有韧性。

老师：有创造力，喜欢思考，认真负责。

6. 自我鉴定

我喜欢和人打交道，喜欢创新，重视“人”，喜欢轻松的氛围。鉴于以上分析，我适合的岗位有：教师、广告设计师、心理咨询师、导游等。

（三）能力分析

我的口头表达能力较强，动手能力、接受能力较强，较能吃苦耐劳。喜欢听取别人的意见，吸取经验教训。有较强的心理承受能力，能坦然接受别人对我的批评和建议。

（四）优缺点分析

优点：认真仔细，心地善良，人品端正，有上进心，乐于学习，谦虚谨慎，关心别人，脚踏实地。

缺点：缺少经验，感情用事，遇事有点犹豫。

三、环境分析

（一）家庭环境分析

我来自一个单亲的家庭，母亲是我眼中最伟大的人，她用爱让我生活得很开心、很快乐，铸造了我开朗活泼的性格。她尽其所能为我提供优越的生活条件和生活环境，供我学习，希望我以后能够出人头地，找到一份好工作。

（二）学校环境分析

刚步入大学的殿堂，我感受到了大学与高中完全不同的教学模式。大学是一个小型的社会圈，让我学会了怎样去妥善处理好人际关系。大学是培养我们独立能力的，没有人会逼我们学习。大学给了我充分展示才能的舞台，给了我照顾自己和与别人相处的机会。

（三）行业环境分析

中国作为拥有庞大人口基数的国家，其服装消费市场展现出巨大的潜力和活力。随着经济的持续增长和消费者观念的升级，中国服装市场正经历从量到质的深刻变革。在这一转型过程中，精品化和个性化成为消费趋势的显著特征，消费者越来越倾向于选择高品质、高附加值且能彰显个性的服装产品。同时，数字化转型也为服装行业注入新的活力，电商平台、社交媒体等新兴销售模式的兴起，不仅拓宽了销售渠道，还改变了消费者的购物习惯，使得服装消费更加便捷、高效。此外，随着环保意识的增强，可持续理念逐渐深入人心，推动服装企业在产品设计、生产、销售等环节注重环保和可持续发展，实现经济效益与社会责任的双重目标。综上所述，中国服装市场正朝着多元化、高品质、个性化、数字化和可持续化的方向发展，为行业带来了前所未有的机遇与挑战。

四、目标确定阶段

（一）短期的职业目标（2024—2027年）

在学校期间充分利用校园资源条件优势，认真学好专业知识，培养学习能力、生活能力，全面提高个人的综合素质和能力，以理想的成绩获得院校的毕业证。

（二）中期的职业目标（2027—2029年）

在有了稳定的工作以后，不断积累经验和资本，独立开店，把品牌店扩大。

（三）长期的职业目标（2029—2034年）

在自主创业的过程中，不断地学习新知识，让自己成为一名成功出色的商人。用科学的管理方法管理自己的公司，多跟行业精英进行交流、沟通，汲取经验，创立自己的品牌。

五、职业计划实施

（一）大学期间

1. 学业方面

严格要求自己，努力攻读专业课，广泛涉猎各类知识。争取拿到奖学金，考取一些技能类资格证书。

2. 人际交往方面

积极发展和扩大自己的社交圈，提高交际能力，结交几位知心朋友。

3. 社会实践方面

积极参加学校、班级组织的各项活动，参加志愿服务，积极参加社会实践活动，和学长学姐们多一些交流沟通，吸取他们在学习上的经验教训。参加名人名师的讲座，汲取学术精华；创造机会做兼职，锻炼自己，以此积累工作经验。

（二）步入社会后

在工作中从小事做起，注重团队合作的重要性，不断取得和自己以后计划从事职业相关的工作经验，为职业的发展做好准备。同时注重自己的人际交往，发挥自己的主观能动性，充分展现自我！合理安排休闲时间，以保持健康的身心和充沛的精力。

六、规划的修改和完善

随着社会的迅速发展和环境的变化，在校期间要不断调整自己的规划，不断完善。毕业走上岗位后，要根据实际情况进一步完善，也做好将自己的原有计划打碎，重新组合排列的心理准备，以适应新形势，创造新价值。

七、结语

人的一生经历春、夏、秋、冬，如四季一般变幻无常。在春季播种，在夏季辛勤耕耘，才有秋天硕果压满枝的收获。

请思考：这份职业生涯规划书有哪些优点，还存在哪些不足，应如何改进和完善？

第二节　调整：职业生涯的评估

大学生职业生涯规划是每位学子走向社会、迈向成功的关键一步。随着时代的变迁和个人成长，原有规划可能不再完全适应新的环境和需求。因此，对职业生涯规划进行定期评估与调整，成为每个大学生必须面对的重要课题。通过科学的评估，我们可以发现规划中的不足和潜在问题；通过合理的调整，我们能够使规划更加符合个人实际，为未来的职业发展奠定坚实基础。

一、职业生涯评估

在进行评估时，我们可以依据设定的短期与中期预定目标，与实际达成的结果进行对比分析。具体而言，评估要深入剖析当前的现实状况，尤其是面对不断变化的外部环境时，需要敏锐地识别出实际与预定目标之间的偏差或不足之处。随后，基于这些发现，采取必要的措施进行偏差的纠正与行为的调整，以确保更好地适应环境并达成既定目标。

（一）评估的内容

职业生涯目标评估——是否需要重新选择职业？

职业生涯路径评估——是否需要调整发展方向？

实施策略评估——是否需要改变行动策略？

其他因素评估——身体、家庭、经济状况以及机遇、意外情况的及时评估。

（二）评估的方法

1. 反思法

职业生涯规划中计划的学习时间达到没有？

学习上有什么收获？

还有哪些问题？

方法上有什么需要调整的吗？

2. 调查法

大学生生涯规划在每一近期目标实现后，对下一步的主（客）环境、条件做些调查、分析，看看情况是否有变化？哪些变好了？哪些变坏了？总体如何？要做到心中有数。然后，根据变化的情况调整下一步计划。

3. 对比法

每个人都有自己追求的方法，所以在进行职业生涯规划时应多比、多思、多学，吸取别人科学的方法。对别人的职业生涯规划进行分析，往往有助于自己对职业生涯规划进行修改。

4. 求教法

将自己的职业生涯规划与追求坦诚地分享给知心的学友，请他们以旁观者的视角审视我们，促使我们进行自我反思。他人能通过观察清晰地揭示出我们自身难以察觉的弱点。

管理学中广为人知的"木桶理论"便是一个深刻的启示：一个木桶的盛水量并非由最长的木板决定，而是受限于最短的那块木板。这一理论在职业生涯规划中同样适用，它提醒我们在自我评估时，应着重关注并适应不断变化的环境，以识别出自身在能力与策略上的不足之处。关键点是识别出这些"短板"，并积极采取措施去弥补和修正它们。只有这样，我们的职业生涯这只"木桶"才能拥有更大的容量，从而承载更多的机遇与成就。

（三）职业生涯成功

职业生涯的成功，本质上是个人在职业生涯中所追求的目标得以实现的过程。在这个过程中，不同的人拥有不同的追求方向：有的人致力于职务的晋升，通过不断提升职位来实现自己的职业价值；而有的人则更加看重工作内容的丰富性，他们追求在现有或未来岗位中，能够承担更多样化、更具挑战性的任务，以此丰富自己的职业经历与技能。

对于年轻员工来说，职业生涯的成功意味着"应在工作上建立满足感与成就感，而不是一味地追求快速晋升；在工作设计上，设法扩充工作内容，使工作更具挑战性"。

目前大家达成共识的职业生涯成功方向有五种：

进取型——达到集团或系统的最高地位。

安全型——追求他人认可、工作安全、受到尊敬和成为“圈内人”。

自由型——在工作过程中拥有最大的控制权而不是被控制。

攀登型——得到刺激、挑战、冒险的机会。

平衡型——在工作、家庭关系和自我发展之间取得有意义的平衡，以使工作不至于变得太耗精力或太乏味。

职业生涯与家庭的责任之间的平衡，对于年轻雇员尤为重要。每个人在社会生命周期中都扮演着多种社会角色，“我们作为子女、父母的角色是不可舍弃的。我们能放弃一项职业，却不能放弃这些角色。相反，我们要设法完成这些角色”。因此，家庭成员的意见对雇员的工作成效有重大影响。

表6-6　职业生涯成功评价体系

评价方式	评价者	评价内容	评价标准
自我评价	本人	对自己在企业发展、社会进步中所作的贡献是否满意	根据个人的价值观念及个人的知识、水平、能力
		自己的才能是否充分施展	
		对自己的职称、职务、工资待遇等方面的变化是否满意	
		对处理职业生涯发展与其他人的关系的结果是否满意	
家庭评价	父母、配偶、子女等家庭成员	家人是否能够给予支持和帮助	根据家庭文化
		家人是否理解和肯定	
企业评价	上级、平级、下级	是否有上级的肯定和表彰	根据企业文化及其总体经营结果
		是否有下级、平级同事的赞赏	
		是否有职称、职务的晋升或相同职务权利范围的扩大	
		是否有工资待遇的提高	
社会评价	社会舆论、社会组织	是否有社会舆论的支持和好评	根据社会文明程度、社会历史进程
		是否有社会组织的承认和奖励	

要对职业生涯成功进行全面的评价，必须综合考虑个人、家庭、企业、社会等各方面的因素。

拓展园地

八十岁生日回想

用尽量舒服的姿势坐好，闭上眼睛，深呼吸，放松。

想象：今天是你八十岁的生日。你的家人、亲戚、朋友将为你举办一场盛大的生日晚会。家里到处张灯结彩，你的生日晚会很快就要开始了。现在，你独自坐在书房里，外面是隐隐约约的音乐和人声。你回想着自己走过的这一生，有哪三件事是当你回想起来的时候，让你为之感到自豪的，让你感到平静而愉快的？

当你想好了之后，请睁开眼睛，写下这三件事。

____

____

____

____

____

____

二、职业生涯规划调整

（一）发展目标的适当调整

大学生必须要对自己的特长、爱好、性格等进行反复的剖析和衡量，对社会现状进行深入的体会，在制订职业规划的过程中不断地向老师和有经验的前辈或父母讨教，争取在初期便制订出一套比较符合自身性格、特长的规划，脚踏实地地按照规划中的目标，一步一个脚印地向前迈进。当然，计划总是不如变化来得快，这就需要我们在实践中不断对职业生涯规划进行反复的校正，在这个过程中切记不可好高骛远。

首先，自我认知的深化是职业生涯发展目标调整的重要前提。随着大学学习的深入和实践经验的积累，大学生对自己的兴趣、能力、价值观等方面有了更为全面和深入的了解。他们可能会发现自己对某些领域的兴趣更加浓厚，或者在某些方面有着更为突出的能力。这种自我认知的变化自然会引发对原有职业生涯发展目标的审视和调整。

其次，兴趣变化也是导致职业生涯发展目标调整的重要因素。在大学期间，大学生接触到了更为广泛的知识领域和实践活动，他们的兴趣可能会发生变化。例如，原本对某个专业充满热情的学生可能在接触相关课程和实践后发现自己的兴趣并不在此，而转向其他领域。

再次，外部环境的变化也会对大学生的职业生涯发展目标产生影响。随着社会的快速发展和行业的不断变革，一些职业领域可能会面临衰退，而新兴领域则不断涌现。大学生需要密切关注行业动态和市场需求，根据外部环境的变化及时调整自己的职业目标和发展方向。例如，一些新兴技术领域的崛起可能为大学生提供了新的职业发展机会，他们可以考虑将目标调整为这些领域的相关职业。

最后，职业生涯发展目标的调整是一个持续的过程。随着个人成长和外部环境的变化，大学生可能需要不断地对职业目标进行调整和完善。因此，大学生应该保持开放的心态和灵活的思维方式，随时准备迎接新的挑战和机遇。

（二）时间的调整

在职业生涯规划实践中，有些人因为种种原因在职业发展中没有及时达到阶段目标，也有些人提前完成了规划设定的职业发展任务。当规划执行的实际进程与计划的时间表出现明显的差异，为了保证总目标的完成，就需要对原定的时间规划范围（即达到职业规划目标的总时间）或者时间进度进行修正。在职业发展中，没有及时达到目标对职业规划所产生的影响要大于提前完成任务产生的影响。时间的修正相对容易，因为它对职业目标没有原则上的修改，对于发展所需的条件难度也没有明显的提高或者降低。当阶段目标没有在既定时间内完成时，首先考虑的是对时间表进行修正，在同等的时间范围内延长随后阶段发展所需的时间，或者在不改变每阶段发展所需时间的基础上延长达到目标的时间。

时间调整不应仅仅关注于达成目标的效率，更应注重其是否与个人的整体生活规划、精力状况及职业发展的初衷保持一致。有时候，尽管我们成功地在新的时间框架内达成职业目标，但这些成就可能并不完全符合我们最初设想的职业发展路径。特别是当个人生活阶段发生变化，如需要承担抚养子女的责任或面临精力分散的挑战时，职业上的高要求可能会与个人生活的实际需求产生冲突，进而引发不必要的苦恼和困扰。

因此，在调整时间表和职业目标时，我们必须进行深入的自我反思和规划评估。这包括审视新的时间表和职业目标是否依然符合个人对生活的期望，是否能够有效平衡工作与生活的关系，以及是否能够在保持身心健康的同时持续推动个人职业的发展。

（三）成本的调整

在职业生涯的征途中，遭遇挑战导致既定目标难以企及时，一种有效的应对策略便是成本修正。这要求我们在原有计划基础上，增加必要的成本投入，以加速发展进程，确保目标的顺利达成。尽管这种调整可能涉及时间表的短期变动，但通常不会动摇最终目标的根基。职业发展过程中的阶段性波动虽会影响目标达成的质量，却不会改变其方向。

内容修正作为折中方案，是对既定目标及时间表的微调，同时伴随着额外成本的投入。这些成本可能体现为精力的额外倾注，如减少家庭娱乐或个人休息时间，专注于职业发展；也可能涉及财务的支出，如通过培训提升自我实力或改善职业发展初期的先决条件，以获取竞争优势。此外，人际关系的拓展与社会资源的有效利用，也是成本修正的重要组成部分。

在实施成本修正时，需谨慎考量以下几点：一是量力而行，确保预算可控。追加成本虽能加速职业发展，但必须设定合理范围，避免超出个人或经济的承受能力。过度投入不仅可能导致资源枯竭，还可能因整体发展资源的消耗而阻碍长远目标的实现。二是评估机会成本，追求效益最大化。在决定追加资源时，需权衡利弊，确保资源利用的最优化。同一份精力或资金，既可用于加速当前目标的达成，也可用于探索其他发展路径，实现更高层次的突破。三是一次到位，避免资源浪费。一旦决定进行成本修正，应确保资源的追加能够一次性满足需求，避免分阶段追加导致效率低下和资源浪费。通过充分调研，明确达成目标所需的资源总量，实现资源的精准投放和快速见效。

拓展园地

测测你工作效率的高低

周末了，你邀请三五好友来家里吃饭，最可能出现以下哪种状况？

A. 忘记煮米饭，只好出去买面食。

B. 为了精益求精地做道自己最拿手的菜，延迟了开饭时间。

C. 很快加工一些做法简单的菜，以节省时间。

D. 胡萝卜用完了，让第一个到来的客人去买。

解释：

选A项者，迷糊型。从来搞不清做一件事要花多少时间，经常不能有始有终地完成计划。

温馨建议：买两本台历，一本用于工作，一本用于日常生活，放在显眼处。

选B项者，完美主义者。追求尽善尽美，没有时间观念，把大量的时间花在细枝末节上。

温馨建议：按照每件事的重要程度来分配时间，这是你节省时间、提高工作效率的关键。

选C项者，把握时间型。你做得不错。

温馨建议：工作之余尽量放松自己，不要苛求别人同自己一样高效率。

选D项者，紧张刺激型。做事总是慌慌张张、丢三落四。

温馨建议：做每件事都比计划提前一点点开始行动，才能从容应对。

三、职业生涯规划调整的方法

（一）目标考核法

确定大学生职业生涯目标是职业生涯规划的核心，它对于大学生职业生涯规划的成功具有直接的帮助。职业生涯目标中的短期、中期和长期目标一旦确定，就形成了非常具有可操作性的度量职业生涯规划实现程度的标准，调整的方法也就直接锁定在现实目标实现和职业生涯目标之间纠偏的动态过程中。

（二）局部微调法

常言道“要立长志，不要常立志”。如果没特殊情况，调整应该保持职业生涯规划大方向。从大学生职业生涯规划的实施基本步骤和方法来看，每一个环节都可能直接影响职业生涯规划的实施效果，可能会出现设定的目标不适合自己，长期目标和短期目标相脱节，目标缺乏弹性或制定得太易或太难，确立的志向和自我评估有偏差，对职业生涯规划机会的把握不准确，对职业的选择把握不好，或者职业生涯规划路线的选择有问题，制订的具体行动计划方案可操作性较差等情况，需要在执行职业生涯的过程中根据不同的情况进行局部调整。局部调整往往会“牵一发而动全身”，把握每一个环节，确保职业生涯规划向总体目标前进是大学生职业生涯规划调整中使用最普遍的方法。

（三）流程控制法

大学生职业生涯规划经过科学的方法、理性的制订并付之于行动后，尽管目标制订合理、职业生涯规划的志向清晰，可是从人生发展的角度来看，计划设定的内容，人们心中所期望和梦想的事情，在现实中有时不一定都能够有效实现。这并不意味着职业生涯规划的失败，而是提醒大学生在自我职业生涯规划的制订和实施过程中，既要注重于结果导向，更应该强调实施过程。

四、职业生涯规划调整的对策

（一）树立成功意识

在职业生涯规划中，大学生成功的意愿非常重要，只有愿意成长、希望成才、渴望成功的人才有可能自觉地规划自己的人生，并走向成功。

（二）积极参加探索、实践、实习

自我探索、自我规划、自我成长、自我完善的理念至关重要，在这种理念指引下，大学生才能够积极、主动地投入各种成长活动中。

社会实践和职位实习是大学生了解社会的有效途径，通过社会实践和职位实习，大学生能够对社会的政治、经济发展趋势有直观的了解和理解，对社会、对人才的素质要求有直接的认识，有利于大学生根据社会需要有计划地塑造自己，避免了学习的盲目性。通过实习，大学生还能够更加清楚社会职业分类及职位变化，清楚不同职位的意义所在，有利于大学生在就业过程中正确定位。

（三）做好成长规划并积极参加训练

大学生在大学阶段的成长是顺利就业、成功创业的基础，合理地规划自己的大学生活，制订切实可行的大学期间成长计划对每一位大学生而言都非常必要。有计划地成长会加快大学生在校期间的成长速度，有利于职业竞争力的快速提升。大学期间，要尽可能多地参加各种层次的成才、成长培训，从而不断提高自己多方面的能力。

（四）寻求有效帮助

在必要时寻求有效支持和帮助。这些支持和帮助可以来自亲朋好友，也可以来自老师学校，还可以来自一些专业机构的专门人员。

拓展园地

先谋后事者昌，先事后谋者亡

姜太公，作为中国历史上公认的杰出谋士，其智慧与贡献深远影响了后世。他辅佐周武王，精心策划讨伐殷纣的大业，成功助武王夺取天下，并建立了辉煌的西周王朝。将这一历史角色与现代职业领域相对照，不难发现职业规划师正扮演着类似于古代谋士的角色，因此，将姜太公誉为“中国古代职业规划第一人”，实至名归。

姜太公留下的关于职业规划的至理名言——“先谋后事者昌，先事后谋者亡”，历经三千余年的时光洗礼，至今仍在职业规划领域熠熠生辉，被频繁引用与探讨。这句话的精髓在于强调了事先规划与筹备的重要性：唯有深思熟虑、周密计划后再付诸行动，方能成就一番事业，迎来繁荣昌盛；反之，若盲目行事，缺乏必要的规划与准备，则极易导致失败与没落。这深刻揭示了职业规划与个人成功之间的紧密联系，即美好的未来是通过精心规划与不懈努力共同铸就的。

此外，“先谋后事者昌，先事后谋者亡”与古代智慧中的“预则立，不预则废”不谋而合，两者均强调了预见性、规划性在成功道路上的关键作用。这些跨越时空的智慧结晶，对于我们当今时代的职业生涯规划而言，无疑是明灯，指引着我们在纷繁复杂的职业道路上，保持清醒的头脑，做出明智的选择，从而迈向更加辉煌的未来。

五、调整职业生涯规划

职业生涯是立体、动态的，生涯管理是需要一辈子去投入的艺术。在生命的不同时期，你可能需要反复地进行这样的探索和规划。

职业生涯规划调整的内容包括：职业的重新选择，职业生涯路线的选择，阶段目标的修正，实施措施与行动计划的变更，等等。

反馈、评估和调整，应该达到下列目的：对自己的强项充满自信；对自己的发展机会有一个清楚的了解；找出关键的有待改进之处；为这些有待改进之处制订详细的行为改变计划；实施行动计划，确保你能取得显著的进步和成就。

实施生涯规划时，必须为日后可能的计划修改预留余地，调整的依据是每次评估后反馈回来的信息。

至于计划修正的时机，必须考虑下列几点：定期检测预定目标的达成进度。每一阶段目标达成之时，要依据实际效果修订未来阶段目标可采用的策略。客观环境改变影响到计划的执行。有效的生涯设计还要不断地反省修正，反省策略方案是否恰当，以能适应环境的改变，同时可以作为生涯规划修正参考的依据。

规划调整时考虑的因素：一是考虑环境因素。从宏观层面认识到职业生涯发展的局限和可能，个人只能适应而不可改变。二是考虑组织因素。要改变组织因素非常困难，但个人可以选择到最适合自己发展的组织中工作。三是考虑个人因素。一方面你要正确认识自己，另一方面要不断完善自己。组织和个人只能适应第一因素，正确认识和分析第二、第三因素，寻求个人发展和组织发展的最佳匹配。

思考与练习

请回顾你当前的职业生涯规划，并列出至少三个你已经完成或正在努力达成的目标。

____

____

____

____

根据你的实际经历，评估你的职业生涯规划是否合理，是否符合你的个人兴趣和职业发展需求。

____

____

____

____

分析当前的职业市场趋势和行业发展情况，思考这些变化对你的职业生涯规划可能产生的影响。

____

____

____

____

根据评估结果和职业市场分析，调整你的职业目标和行动计划。

____

____

____

____

____

制订一份新的职业生涯规划，明确短期和长期目标，以及实现这些目标的具体措施和时间安排。

____

____

____

____

____

第七章

进阶之岸：生涯管理

学习目标

1. 熟悉大学生时间管理的含义及其特点。
2. 了解压力，认清压力的根源，合理制定应对和预防压力的策略。
3. 了解大学生常见不良情绪，掌握情绪管理方法。
4. 了解职业规划大赛的相关内容。

一座灯塔

青年之于党和国家而言，最值得爱护、最值得期待。青年犹如大地上茁壮成长的小树，总有一天会长成参天大树，撑起一片天。青年又如初升的朝阳，不断积聚着能量，总有一刻会把光和热洒满大地。党和国家的希望寄托在青年身上！

——习近平在庆祝中国共产主义青年团成立100周年大会上的讲话

一面镜子

早上7点20分，肖伟走进办公室。他之所以提早上班是为了把办公桌上的一大堆文件处理掉。肖伟打开台灯，开始处理信件。当他看到第一封信的时候才发现，他必须等一位同事到了之后，才能处理这件事，于是他把这封信放在了一边，继续看第二封信。第二封信里夹了一份统计表，肖伟觉得可能以后会用得上，于是就去大厅复印了一份备用。

他重新坐下来看信时顺便扫了一眼今天的报纸，发现了一篇很感兴趣的文章，于是他开始埋头阅读。等他看完这篇文章，发现同事们开始走进办公室，原来已经快9点了。肖伟赶快把信件堆往角落，以便空出一块儿地方写一份关于客户管理的计划书，这个任务是领导交代的，第二天前必须完成。正当他打开档案，准备开工时，同事小胡和小王走了过来，邀他一起喝杯咖啡。肖伟看看表，心想聊个10分钟应该不成问题吧，于是开始听小胡和小王聊昨天看过的那场电影。电影很精彩，等肖伟弄懂了剧情，30分钟已经过去，他匆匆跑回办公室。

一进办公室，电话响起，是肖伟的领导郑先生。郑先生告诉他，10点有个会要开，内容是讨论今明两年发展计划的。肖伟想，这个会很重要，不参加不行，怎么办，吃完午饭再抓紧写计划书吧。但是午饭后，情况并没有改善。肖伟接见了几名客户，接听了几通电话，又看了两封信，已经到下班时间了。第二天要交的计划书，一字未动，他百般无奈地把资料塞进公文包，心里直纳闷：为什么小胡和小王下班后还有时间去看电影呢？

大学阶段是塑造人生轨迹的重要时期，大学生们需要全面培养自己的职业生涯自我管理能力。这不仅仅是学习专业知识的过程，更是学会学习、生活，以及勇敢面对困难和挫折的过程。

职业生涯自我管理不仅是对个人能力的全面锤炼，更是适应社会发展、提升情商、培养自制力的重要途径。它让我们更加清晰地认识自己，明确职业目标，制订合理的学习规划，并能够在面对挑战时保持冷静和坚韧。这样的能力，无疑为我们铺就了一条通往职业成功的康庄大道，让我们在未来的人生道路上更加从容自信，迎接各种挑战，实现自己的梦想。

第一节　自控：职业生涯的自我管理

大学结束，正式踏入职场。前方机会多多，可能令你激动，也有可能令你沮丧。在职场万花筒面前，你需要做好应对困难的准备。

你要思考以下问题：你要带着一个什么样的你去工作？你在工作中可能遇到哪些问题？你打算如何解决？你工作的核心目标是什么？如何让你的行动力与目标保持一致？你的支持系统在哪里？

从校园到社会，环境的巨大变化要求大学生们必须做好充分准备。首先，持有现实期望是关键，要摒弃不切实际的幻想，以务实的态度面对职场挑战。其次，主动投入工作至关重要，积极参与各项任务，展现自己的能力和价值。同时，建立人际关系也是不可或缺的一环，与同事和上级保持良好沟通，共同推动工作进展。此外，符合组织期望同样重要，要深入了解企业文化和价值观，努力成为团队中的有益一员。在日常工作中，从容应对杂务同样考验着个人的能力，要学会合理安排时间，高效处理琐碎事务。建立职业形象也是提升职场竞争力的重要一环，要注重个人形象的塑造，展现专业、自信的一面。当然，加强在职学习也是必不可少的，要不断提升自己的专业技能和知识水平，以应对职场中的新挑战。

这些方面的努力，都离不开做好生涯管理。通过有效的生涯管理，我们可以更好地规划自己的职业生涯，明确职业目标和发展方向，为未来的成功奠定坚实基础。

一、时间管理

时间管理是在日常事务中执行的一种有目标且可靠的工作技巧，它引导并安排管理个人生活，合理有效地利用可以支配的时间。

（一）时间管理概述

时间管理是所有大学生不可回避的问题，不会把握时间是大多数大学生的共同问题。在校期间，养成良好的时间管理习惯，不但会使学业有所长进，也会使未来的职业发展领先一步。

美国学者杰克·弗纳对时间管理的定义是：有效地利用时间这种资源，以便有效地达成个人的重要目标。需要注意的是，时间管理本身不应该成为一个目标，它只是一个短期使用的工具，一旦形成习惯，它就会永远帮助你。如果我们想要成功，就必须把时间管理工作做得更好。

也有人认为，时间管理所探索的是如何减少时间浪费，以便有效地完成既定目标。由于时间所具备的独特性，所以时间管理的对象不是“时间”，而是指面对时间进行自我管理的“管理者”。

还有人认为，时间管理是在日常事务中执着并有目标地应用可靠的工作技巧，引导并安排管理自己及个人的生活，合理有效地利用可以支配的时间。

综上所述，时间管理是为了提高时间的利用率和有效性对时间进行的合理计划与控制、有效安排与运用的管理过程，可以使工作系统化、条理化，使工作更有效、更有成果。大学生的时间管理行为是一个包含想法、行动和控制的整合过程，包括时间管理意识（指大学生对时间的敏感性以及主动管理时间的自觉性）、时间管理规划（指时间的优先次序及时间分配等）、时间管理行为控制（指大学生对自身的控制能力）三个方面。

大学生时间管理的目的在于提高工作和学习效率。对大学生而言，时间管理就是学会如何面对时间的流逝而进行自我管理，其所持的态度是将过去作为现在改善的参考，把未来作为现在努力的方向，从而好好把握现在。

（二）大学生时间管理的现状

大学生时间管理在意识、行动、技巧、生活作息和个人特质等多个层面呈现出多样化的特点。为了提高时间管理效率，大学生需要增强时间管理意识，掌握有效的时间管理技巧，养成良好的生活作息习惯，并培养自律和责任心等个人特质。

1. 时间管理意识强弱不一

一部分大学生具有较强的时间管理意识，能够充分认识到时间的重要性和有限性，因此他们会积极寻求有效的方法来规划和管理自己的时间。然而，也有一部分大学生对时间管理的重要性认识不足，缺乏紧迫感和责任感，导致时间利用效率低下。

2. 规划执行能力差异大

部分大学生能够制订详细的学习和生活计划，并严格按照计划执行。他们通常会设定明确的目标和截止日期，并合理分配时间来完成各项任务。然而，也有一部分大学生虽然制订了计划，但往往难以坚持执行，容易受到各种因素的干扰和诱惑，导致计划落空。

3. 有效策略使用程度不同

在时间管理技巧上，有的大学生善于利用碎片时间进行学习或放松，例如在等车、排队或午休时间阅读书籍、复习知识点等。他们还会采用优先级分类的方法，将任务按照重要性和紧急性进行排序，优先处理重要且紧急的任务。然而，也有一部分大学生缺乏这些有效的时间管理策略，导致时间利用效率低下。

4. 作息习惯影响时间管理

良好的生活作息习惯对于时间管理至关重要。一部分大学生能够保持规律的作息，早睡早起，保证充足的睡眠和休息，从而有充沛的精力进行学习和活动。然而，也有一部分大学生作息不规律，晚上熬夜、白天赖床，导致精神状态不佳，影响学习和生活效率。

5. 自律能力与责任心不足

自律和责任心是时间管理的重要组成部分。一些大学生具有较强的自律能力和责任心，能够自觉遵守学习计划和生活规律，对自己的学习和生活负责。然而，也有一部分大学生缺乏自律能力和责任心，容易受到外界干扰和诱惑，导致时间管理失控。

（三）大学生时间管理的技巧与方法

1. 建立合理目标

建立明确且具体的目标是时间管理的首要步骤。目标是可衡量的，这样我们才能知道何时达到预期的效果。同时，目标也应该是可实现的，避免设定过于遥远或不切实际的目标。此外，目标还要与个人的长期规划和价值观相符，确保我们所努力的方向是有意义的。

在设定目标时，建议采用“SMART原则”，即目标要具体（Specific）、可衡量（Measurable）、可达成（Achievable）、相关（Relevant）和时限（Time-bound）。这样的目标不仅有助于我们清晰地了解自己要做什么，还能在实现过程中给予我们明确的指导和动力。

2. 制订详细计划

有了目标之后，下一步就是制订详细的计划。计划应该包括具体的任务、时间节点和预期成果。通过将目标分解为具体的任务，我们可以更好地把握每个阶段的重点和方向。同时，设定时间节点有助于我们监控进度，及时调整计划。

在制订计划时，要考虑到各种可能的干扰和变化。预留一定的弹性时间，以应对突发情况或意外事件。此外，还要学会将任务按照优先级进行分类，优先处理那些重要且紧急的任务，确保时间和精力的合理分配。

3. 遵循“二八”定律

“二八定律”在时间管理中同样适用。这个定律告诉我们，往往80%的成果来自20%的努力。因此，我们应该将时间和精力集中在那些能产生最大效果的任务上。

具体来说，就是要识别并专注于那些关键任务。这些任务可能是我们学习中的难点、重点，或者是我们生活中的重要事件。通过优先处理这些任务，我们可以更快地取得进展，提高整体效率。

4. 有明确的价值观

价值观是我们行动的指南，也是我们做出决策的依据。在时间管理中，拥有明确的价值观可以帮助我们更好地判断哪些任务是重要的，哪些是不重要的。

当我们面临选择时，可以根据价值观来权衡利弊。如果某个任务与我们的价值观不符，即使它看似很有价值，我们也应该考虑是否值得投入时间和精力。同样地，如果某个任务符合我们的价值观，即使它看似不那么紧急或重要，我们也应该给予足够的重视和关注。

5. 提高工作效率

提高工作效率是时间管理的重要一环。通过掌握一些高效的学习方法和技巧，我们可以更快地完成任务，节省时间。例如，采用分块学习法将学习内容划分为小块，每次集中精力学习一小块内容；利用联想记忆法将新知识与已知知识联系起来，加深记忆；使用思维导图等工具整理知识框架，提高理解和记忆效果。

此外，还可以利用科技工具来提高效率。例如，使用App来管理学习时间；利用在线课程平台或学习软件来辅助学习；通过在线协作工具与同学、老师或团队成员进行沟通和交流等。

6. 克服时间拖延

拖延是时间管理中常见的问题之一。为了克服拖延，我们可以尝试一些有效的方法。首先，要识别并了解自己拖延的原因。是因为害怕失败、缺乏自信、追求完美主义还是其他原因？通过深入了解自己的心理状态和行为习惯，我们可以找到针对性的解决方法。其次，可以采用一些策略来克服拖延。例如，设定明确的目标和奖励来激励自己；将大任务分解为小任务，逐步完成；设定时间限制，强迫自己在规定时间内完成任务；寻求他人的帮助和支持等。最后，要培养自律和坚持的品质。自律是克服拖延的关键，而坚持则是实现目标的重要保障。通过不断地实践和努力，我们可以逐渐克服拖延问题，提高时间利用效率。

总之，时间管理是一个复杂而重要的任务，需要我们在实践中不断探索和完善。通过掌握以上技巧与方法，并根据个人情况进行调整和优化，相信每个大学生都能有效地管理自己的时间，取得学业和生活的成功。

二、压力管理

压力管理，作为现代社会中不可或缺的一项技能，对于个人和组织都至关重要。随着生活节奏的加快和工作压力的增大，我们面临着越来越多的挑战和不确定性，这些都可能导致我们感到焦虑、疲惫甚至失去方向。因此，有效地管理和减轻压力，对于保持身心健康、提高工作效率以及提升生活质量具有重大意义。

（一）压力概述

压力一词原本是物理学中使用的一个概念，后来被广泛应用于社会科学领域。现在，人们更多地将其视为一个心理学概念。不同的心理学派对压力有不同的解释：精神分析学派认为，压力是人生早期的矛盾冲突；行为心理学派认为，压力是刺激引起的某种经过学习的反应；认知心理学派认为，压力起因于个人对事物的看法；社会心理学派认为，压力是社会和文化的因素造成的。也有人认为压力是指不利或苛求的环境使精神或情绪产生的紧张及不安的状态。这些解释都能从某一方面反映压力的性质。

从时间维度看，压力可分为长期压力和短期压力，前者持续存在并对个体产生长期影响，后者则突然发生且持续时间较短。从性质上划分，压力有建设性压力和破坏性压力之分，前者能激发个体的积极性和创造力，后者则对个体造成损害并阻碍其发展。按大小分类，压力可分为严重压力和平常压力，前者对个体身心健康产生显著影响，后者则较为普遍且影响较小。此外，压力还可按来源分为环境压力、社会压力、内在压力以及复合压力，它们分别源于外界环境、社会因素、个体内心冲突和多种因素的综合影响。

拓展园地

小赵是一名大一新生，入学后，由于成绩优秀，从班级中脱颖而出，担任班长。班级其他同学大部分是城市里的，来自农村的小赵与他们相比，越比越觉得自己差，越比压力越大，越比越不自信。要强的他，对自己过分苛刻，过分要求完美，不允许自己出半点差错。但是，他发现自己现在的学习热情越来越低，学习的效率越来越差，越来越学不进去了，而且出现了睡眠障碍——多梦、易醒，小赵即将崩溃。

想一想：小赵的压力来自哪里？要如何释放？

（二）压力的来源

压力的来源是多层次、多方面的，它们相互作用、相互影响，共同构成了个体所面临的压力环境。因此，在应对压力时，我们需要综合考虑各种因素，从多个层次入手，采取合适的策略和方法来减轻或消除压力的影响。

1. 外部环境与情境

生活中的重大事件，如失业、亲人生病等，都会给人带来压力。这些事件可能导致个体面临经济困难、情感失落、生活节奏被打乱等问题，进而引发心理压力。

在现代社会，工作压力是许多人都需要面对的问题。高强度的工作任务、严格的工作要求、竞争激烈的工作环境以及复杂的人际关系，都可能成为压力的来源。长时间的工作、加班以及不规律的作息也可能导致身体和心理的疲劳。

社会变革、经济波动、文化冲突等宏观因素也可能对个体产生压力。例如，社会竞争日益激烈，个体需要不断提升自己的能力和素质以适应社会的变化；同时，社会期望和文化价值观也可能对个体产生压力，其因感到自己无法达到他人的要求或期望而压力变大。

2. 个人因素与心理状态

个体的性格特质对压力的感受和应对方式有很大影响。例如，性格内向、敏感的人可能更容易感受到压力，而性格乐观、开朗的人可能积极应对压力。

个体的心理状态也是影响压力感受的重要因素。焦虑、抑郁、自卑等负面情绪状态可能使人更容易感受到压力，而积极、自信的心理状态则有助于减轻压力的影响。

不良的生活习惯，如缺乏运动、饮食不规律、过度使用社交媒体等，可能导致身体健康问题，进而增大心理压力。此外，缺乏休息和睡眠也可能使人更容易感到疲劳和紧张。

3. 健康因素

身体疾病或健康问题，如慢性疾病、疼痛、残疾等，都可能成为压力的来源。这些健康问题可能导致个体在日常生活和工作中面临更多的困难和挑战，从而增大心理压力。

心理健康问题也是压力的重要来源之一。例如，心理创伤、抑郁症、焦虑症等心理疾病都可能使人感到痛苦和无助，进而增大压力感受。

4. 角色与认同

个体在社会中扮演的不同角色，如职业角色、家庭角色等，都可能带来相应的压力。例如，职业角色可能要求个体承担更多的责任和义务，而家庭角色则可能要求个体在照顾家人和履行家庭责任方面付出更多的努力。

个体对自我价值的认同和定位也是影响压力感受的重要因素。如果个体对自己的价值感和能力存在疑虑或不安，就可能更容易感受到压力。同时，个体的自我认同与社会期望或他人评价存在冲突，也可能导致心理压力的产生。

拓展园地

表7-1 压力源识别

序号	压力源	压力等级（分数越高代表程度越高）
1	考试	5□ 4□ 3□ 2□ 1□ 0□
2	吵闹的室友	5□ 4□ 3□ 2□ 1□ 0□
3	工作与学习的冲突	5□ 4□ 3□ 2□ 1□ 0□
4	父母期望	5□ 4□ 3□ 2□ 1□ 0□
5	需求冲突	5□ 4□ 3□ 2□ 1□ 0□
6	会见陌生人	5□ 4□ 3□ 2□ 1□ 0□
7	工资太低	5□ 4□ 3□ 2□ 1□ 0□
8	择业	5□ 4□ 3□ 2□ 1□ 0□
9	其他	5□ 4□ 3□ 2□ 1□ 0□

（三）压力的影响

压力既有消极影响，也有积极影响。关键在于如何管理和应对压力，使其成为推动我们前进的动力，而非阻碍我们成长的障碍。

1. 压力的消极影响

压力过大会导致个体产生消极情绪，如焦虑、抑郁、挫败等。长时间处于高压状态还可能使人失去竞争的勇气，产生不必要的烦恼，甚至导致心理疾病，如焦虑和抑郁。

长期的心理压力会影响身体健康。压力可能会导致内分泌功能异常，从而影响皮肤健康，使皮肤变得粗糙。同时，压力还可能影响食欲，导致进食过多，进而引发体重增加。此外，压力还可能影响睡眠质量，导致失眠、易醒等问题。更严重的是，压力会削弱免疫系统，使人更容易受到病原体的感染，导致感冒、扁桃体炎等疾病。

过大的压力会影响人际交往，使人变得易怒、敏感，降低自信，甚至导致社交障碍。这些负面影响会进一步破坏人际关系，造成个体的孤独感。

2. 压力的积极影响

适度的压力能够激发动力和活力，推动个体更加努力地工作和追求目标。它作为一种挑战，有助于激发内在的动力，使人更有决心去攻克难关，实现自己的抱负。

适度的压力有助于提高个体的适应能力。面对挑战和压力，人们可以逐渐适应变化，培养更强大的心理韧性，更好地应对不断变化的环境。

拓展园地

在一次压力管理培训课上，培训师拿起一杯水，然后问台下的学员："各位认为这杯水有多重呢？"有人说是半斤，有人说是一斤，培训师则说："这杯水的重量并不重要，重要的是你能拿多久？拿1分钟，谁都可以；拿1小时，可能觉得手酸；拿一天，可能就得进医院了。其实这杯水的重量是一样的，但是你拿得越久，就越觉得沉重。这就像我们承担着压力一样，如果我们一直把压力放在身上，不管时间长短，到最后就会觉得压力越来越沉重而无法承担。我们必须做的是放下这杯水，休息一下后再拿起这杯水，如此我们才能拿得更久。所以各位应该将承担的压力于一段时间后适时地放下，并好好地休息一下，然后再重新拿起来，如此才可能承担得更久。"

（四）压力管理能力的培养与提升

压力管理能力是每个职业人，尤其是领导者不可或缺的职业素养。对于大学生而言，从职业生涯的早期阶段开始培养这一能力尤为重要。大学生应当学会有效管理不愉悦的情绪体验，如悲观、嫉妒等，通过减少这些负面情绪的感受强度，逐步塑造出乐观向上的人格特质，为未来的职业生涯奠定坚实的心理基础。

1. 培养主观幸福感

培养主观幸福感旨在培养个人体验快乐、欢欣、知足、自豪、欣喜、感激等愉悦情绪的能力。虽然这些情感体验大多是人们与生俱来的生理反应，但通过幸福感训练，人们可以强化这些情感体验的强度和持久度。美国心理学家德里克森发现，心情愉悦的人思考问题会更开阔。她还建议人们通过发现应激中有意义的事情来提高个人的愉悦情绪体验。此外，幸福感训练还可降低对如内疚、耻辱、悲伤、气氛、嫉妒等不愉悦情绪体验的感受强度，以减少生活的应激状况。

2. 培养乐观人格

培养乐观态度旨在培养自信乐观、自主独立、温暖细心、表达自如、坚韧等人格特质。心理学界早在20世纪70年代就将乐观作为一个重要的人格特质加以研究，并强调经验学习对培养乐观态度的重要性。美国心理学家塞利格曼在其《学会乐观》一书谈了怎样通过个人努力来提高自身的乐观态度和应激能力。美国心理学家科斯塔和麦克雷主张，主观幸福感的决定因素是人格因素。如外向性格的人容易产生正面的情绪，而焦虑性格的人容易产生负面情绪。所以，培养乐观人格是提高压力管理能力的一种有效手段。

3. 培养幽默化解能力

培养幽默化解能力旨在培养以幽默、诙谐的态度调整心态的能力。研究表明，幽默有助于降低人体内皮质醇的含量（它在人体中是引起紧张情绪的激素），而皮质醇持续增高可使心血管功能和生理功能受损。没有幽默感的人像尊雕塑，没有幽默感的家庭好似一间旅馆，没有幽默感的社会是不可想象的。生活中的人总避免不了沮丧、挫折、失败与不幸而导致的心理失衡，但富有幽默感的人善于从生活中揭示或升华其中的喜剧成分，淡化甚至驱除不利情绪，化压力为动力。

4. 培养问题解决技巧

培养问题解决技巧旨在增强个人克服困难、解决问题的能力，以应激心理学的理论研究为基础，在“问题专注”应对与“情感专注”应对两方面提高一个人的压力管理能力。其中，问题专注的应对技巧包括迎难而上、自我控制、筹划问题解决、寻求社会支援、逃离/回避、隔离问题等技巧；情感专注的应对技巧包括找人倾诉、自我压制、自我宣泄、自圆其说、奇迹幻想、放松/冥想练习等技巧，以在应激实践中不断提高一个人的压力管理能力。此外，问题解决训练还应培养一个人的关键意识，以提高迅速反应能力。

（五）学会适当的放松方式

1. 腹式呼吸法

腹式呼吸法能让我们控制自己的呼吸，对扩大胸腔、增加肺活量有一定的帮助，能间接改变生理与情绪的反应，并且能降低肩部肌肉的紧张，促进身体放松。

2. 肌肉放松法

肌肉放松法的理论前提是个体的情绪体验和躯体的紧张程度密不可分，二者在保持紧张或松弛状态方面具有一致性，松弛的机体状态能够诱发轻松泰然的心境感受。练习该方法，可以使全身肌肉逐渐进入松弛状态，降低骨骼肌的张力，减慢呼吸的频率，从而使心情放松、愉快起来。

3. 想象放松法

想象放松法是先使自己处于一种舒适的状态，然后想象最能让自己感到舒适、意放松的情境，通常是在大海边。例如：我静静地俯卧在海滩上，周围没有其他的人；我感觉到了阳光温暖的照射，触到了身下海滩上的沙子，我全身感到无比舒适；海风轻轻地吹来，带着一丝丝海腥味；海涛在轻轻地拍打着海岸，有节奏地唱着自己的歌；我静静地躺着，静静地倾听着永恒的波涛声……

拓展园地

默数及想象式的放松

1. 准备工作：选择一个安静的房间，平躺在床上或坐在沙发上。

2. 操作步骤：

（1）从10数到0，随着数字的减少，个人变得越来越放松。

（2）默数每一个数字时，配合着呼吸，感觉到将紧张随着呼吸重重地吐出。

（3）当默数至0时，轻快地感受放松后的感觉。

（4）配合想象放松法，闭上双眼，想象放松每部分紧张的肌肉。

（5）想象一个你熟悉的、令人高兴的、具有快乐联想的景致（校园、公园等）。

（6）仔细观察你刚才所联想到的景致，寻找细致之处。如果是花团，找到花坛、树木的位置，尽量准确地观察它们的颜色和形状，并想象那儿的味道。

（7）展开想象的翅膀，幻想你来到一个海滩（或草原等开阔地带），你躺在海边，海面风平浪静、波光粼粼、一望无际，你心旷神怡，内心充满宁静、祥和。

（8）随着景象越来越清晰，幻想自己越来越轻柔，离开了躺着的地方，融入环境中。阳光暖暖地照着你，微风轻拂着你。你已成为环境的一部分，没事要做，也没有压力，只有宁静和放松。

（9）这种状态停留了一会儿，然后想象自己又慢慢躺回海边，周围是蓝天白云、碧海银沙。

（10）当个人完成想象之旅后，要想象自己回到现实空间，慢慢地由3数到1，渐渐地恢复清醒的状态，但仍然是十分轻松的。此时，头脑平静、全身放松，非常舒服。

3. 特别说明：

运用此放松法在勾画个人的想象空间时，要注意以下几点：一是要刻画一个清楚且愉悦的景象。二是尽量使场景中能用到五种感官，例如“闻”到花香，“摸触”到青翠的草地，“听”到小鸟在树上唱歌，“尝”到甜美的果子及“看”到白云飘在天边。

三、情绪管理

情绪管理对于大学生而言，具有极其重要的意义。大学生正处于人生的关键阶段，面临着学业、就业、人际关系等多重压力，情绪波动较大。因此，学会有效地管理情绪，对于大学生的身心健康、学业成就以及未来的人生发展都具有深远的影响。

在这个信息爆炸、竞争激烈的时代，大学生不仅要应对来自学业上的挑战，还要面对复杂多变的人际关系和未来规划的不确定性。这些压力可能导致大学生产生焦虑、抑郁、自卑等负面情绪，进而影响其学习、生活和社交。因此，掌握情绪管理技巧，成为大学生必备的一项技能。

（一）情绪管理概述

情绪管理是一种善于掌握自我、善于调节情绪，能以乐观、幽默的态度及时缓解紧张的心理状态。情绪管理不是要去除或压制情绪，而是在觉察情绪产生后，调整情绪的表达方式。有心理学家认为，情绪调节是个体管理和改变自己或他人情绪的过程，个体通过一定的策略和机制，使情绪在生理活动、主观体验、表情行为等方面发生一定的变化。

（二）大学生常见的不良情绪

1. 抑郁情绪

抑郁情绪是一种持续时间较长的低沉、消极的情绪状态，常伴随着苦闷、不满、烦恼等情感。据统计，全球有4%—5%的人群在生命的某个阶段会经历抑郁。在大学生群体中，抑郁情绪尤为常见，主要源于学业压力、情感挫折、人际关系紧张等负面生活事件。抑郁情绪的表现包括自我批评、失去希望、注意力难以集中等，严重时会影响大学生的学习、工作和生活。这种情绪多发生在性格内向、敏感多疑、生活遭遇挫折的大学生身上，同时也可能为不喜欢所学专业或人际关系处理不当等因素引发。

2. 焦虑情绪

焦虑情绪是一种对未来的担忧和紧张状态，当人们感到某些事物可能带来危险而又无法有效应对时，便会产生焦虑。焦虑的生理反应包括出汗、肌肉紧张、心跳加速等。在大学生中，焦虑情绪常表现为心情低落、性情变化、注意力不集中等，主要源于对考试、学习和就业等方面的担忧。适度的焦虑可以激发动力，但过度焦虑则会影响大学生的身心健康和学业表现。

3. 自卑情绪

自卑情绪是一种对自我价值的否定和怀疑，表现为对自己的能力或品质评价过低，担心失去他人的尊重。轻微的自卑可能与具体挫折或失败经历有关，经过调整可逐渐克服；而过度自卑则可能导致长时间的消沉和自我封闭。在大学生中，自卑情绪常表现为害怕失败、回避挑战、过度掩饰不足等。这种情绪不仅影响大学生的自信心，还可能阻碍其个人成长和社交能力的发展。

4. 自负情绪

自负情绪是一种过度自我肯定和轻视他人的情绪状态，表现为自以为是、过度自信。自负情绪往往源于过高的自我评价和对他人评价的忽视，常见于某些家庭条件优越、学习优秀、能力较强的大学生。自负情绪虽然在一定程度上体现了自信，但过度自负可能导致自私心理，破坏人际交往，甚至影响大学生的社会适应和未来发展。

5. 愤怒情绪

愤怒是一种强烈的情绪反应，通常发生在客观事物与人的主观愿望相悖时。每个人的愤怒触发点可能有所不同，这往往与个人的经历、信念和生活规则紧密相关。对于大学生而言，偶尔的愤怒情绪是正常的情绪宣泄，但频繁发怒则可能成为一个问题。因为愤怒不仅可能导致心跳加速、心律失常等生理问题，严重时甚至可能危及生命，还会降低人的理智水平，导致思维阻塞，进而引发损物伤人甚至违法犯罪等不良行为。因此，大学生需要学会有效管理愤怒情绪，通过深呼吸、沟通表达或寻求专业帮助等方式来化解愤怒，避免其对自己和他人造成伤害。

6. 冷漠情绪

冷漠是一种情绪反应强度不足的状态，表现为对人和事漠不关心。对于大学生来说，冷漠情绪可能表现为对生活失去热情，对学习无精打采，对周围的同学和集体生活漠不关心。这种情绪可能是一种逃避现实、自我保护的心理反应，但长期下去会对身心健康产生严重影响。因此，大学生需要积极调整心态，提高对生活的热爱和兴趣，主动参与社交活动，以缓解冷漠情绪带来的负面影响。

7. 恐惧情绪

恐惧是一种带有强迫性质的情绪体验，它不能为人的意志和愿望转移。对于大学生而言，恐惧情绪可能表现为对某些过去并不害怕的事物或情境产生紧张和恐惧感。这种恐惧感往往是不必要的，甚至当事者也能意识到这一点，但无法自我控制。社交恐惧是大学生中常见的恐惧情绪之一，表现为在人际交往时感到紧张、焦虑，甚至出现手足无措、语无伦次的情况。为了克服恐惧情绪，大学生可以尝试深呼吸、放松训练等方法来缓解紧张感，同时也可以通过逐步暴露自己于恐惧的事物或情境中，逐渐克服恐惧心理。

8. 嫉妒情绪

嫉妒是一种因他人在某些方面胜过自己而产生的痛苦情绪体验。当看到别人在某些方面比自己优越时，嫉妒者可能会感到心理不平衡、恐惧甚至愤怒。为了寻求心理平衡或摆脱负面情绪，嫉妒者可能会采取贬低、诽谤或报复他人等不良手段。在大学生中，嫉妒情绪可能表现为在求职、学业成绩等方面对他人产生不公平的比较和不满。为了克服嫉妒情绪，大学生需要学会正视自己的不足和他人的优点，培养积极健康的心态和竞争意识，通过努力提升自己的能力和素质来实现自我价值的实现。

（三）大学生情绪管理方法

大学生情绪管理是一个需要不断学习和实践的过程。掌握有效的情绪管理方法，可以更好地应对生活中的挑战和压力，保持积极健康的心态。

1. 理性情绪疗法

理性情绪疗法是由美国心理学家阿尔伯特·艾利斯于20世纪50年代创立的。他认为人的情绪和行为障碍不是某一激发事件直接引起的，而是经受这一事件的个体对它不正确的认知和评价引起的，最后导致特定情景下产生不良情绪和行为后果。

人们的情绪是人的思维、人的信念引起的，而不合理的信念往往使人们陷入情绪障碍之中。不合理信念的几个特征是：绝对化的要求、过分概括化、感到事物糟糕至极。

从整体上看，理性情绪治疗有以下一些特点：人本主义倾向。信赖、重视个人意志、理性选择的作用，强调人能够“自己救自己”，而不必依赖超自然的力量。该方法有很浓厚的教育色彩。也可以说它是一种教育的治疗模式。强调理性、认知的作用。在治疗途径上广泛采纳情绪和行动方面的方法。但它更突出地重视理性、认知的作用。这是所有认知疗法的一个最本质的特点，总是把认知矫正摆在最突出的位置，给予最优先的考虑。

大学生运用理性情绪疗法时要把握三点：第一，要认识到不良情绪不是源于外界，而是自己的非理性信念造成的；第二，消极情绪得不到缓解是因为自己仍保持过去的非理性信念；第三，只有改变自己的非理性信念，才能消除情绪困扰。

2. 合理发泄法

发泄是心理学中提倡的心理防御机制之一。为了避免精神上的痛苦和不快，避免遭受挫折后可能产生的生理疾病，人们常常会采用各种防御机制，以维持自身的心理平衡。有人认为不能让情绪随便发泄，应该有所限制。其实发泄与限制都具有积极的意义。

当一个人在生活或工作中受到挫折或打击后，由于种种原因无法将受到的委屈或不满表现出来，只好把这种负性情绪压抑下去。但由于人的心理承受力是有限的，不良情绪长期积郁在心中，人的心理就会出现严重的失衡，也很容易导致疾病。为了维持自身的心理平衡，人们就需要去寻找一个恰当的对象将个人的消极情绪予以宣泄，使心中积压的负性情绪得以“稀释”，从而摆脱这种负性情绪的干扰，保持心理的平衡。因而，宣泄可以帮助人们排遣不良情绪，但宣泄要合理。人有苦闷就应发泄，只要手段正确，分寸恰当。

你可以找一个知心朋友倾诉，一吐为快，想哭就哭。不习惯哭泣的，可以通过跑步、打球、写信等方式，将体内因不快聚结起来的能量向外界发泄。而且，我们也往往有这样的体验：一旦这种负面情绪得以发泄后，内心便会产生一种如释重负的感觉，心情就会舒畅。

3. 自我暗示法

自我暗示是运用内部语言或书面语言以隐含的方式进行自我调适情绪的方法。自我暗示对人具有很大的影响，它影响人的认识和判断。自我暗示包括积极的自我暗示和消极的自我暗示，前者让人自信乐观，后者令人消沉悲观。积极的心理暗示既可以用来松弛十分紧张的情绪，也可以用来自我激励。例如，第一次参加求职面试时，可以在面试前做几个深呼吸，告诉自己“放松点儿”“我一定能行”。特别是对于有自卑情绪的大学生来说，可以经常在心里默念“我能行”“我会发挥得很好”“我一定能成功”等语句，或者写在纸上，或者找个旷野大声地喊出。这些对走出自卑、消除怯懦有一定的作用。

4. 注意力转移法

注意力转移法是一种心理学方法，旨在将个体的注意力从消极情绪或思维中转移到其他方面。以下是几种常用的注意力转移方法：

（1）锚定法。通过放松心情，将注意力集中到某一特定动作或位置上，例如腹式呼吸。

（2）兴趣法。将注意力转移到感兴趣的活动上，如体育锻炼、阅读或游戏。

（3）环境调换。通过改变环境来转移注意力，比如从繁忙的环境转换到一个更放松的地方。

（4）行动转移。将情绪转化为行动的力量，把消极情绪转化为积极活动。

此外，还可以通过特定的心理练习，如命名周围物体的名字和颜色、勾脚背、倒着阅读一行字等方法来转移注意力。注意力转移法的理论基础是人类注意力有限，当注意力集中到某一事物上时，分配给其他事物的注意力就必然减少。

5. 放松训练法

放松训练法是一系列用于减轻压力、焦虑和身心疲劳的技术。这些方法通常涉及深呼吸、冥想、肌肉放松等技巧，旨在帮助个体更好地控制自己的身体和思维。以下是一些放松训练的方法：

（1）腹式呼吸法。找一个舒适的位置坐下，双手放在腹部。先缓慢地呼气，感受肺部的空间，然后用鼻子缓慢吸气，直到无法再吸入为止，停顿3—5秒。接着用嘴缓慢呼气，同时心中暗示所有烦恼随污浊空气一同排出。重复3—5次，以体验放松效果。

（2）蝴蝶拍技术。坐在安全的地方，双手交叉在胸前，轻拍肩膀，交替进行，轻拍速度模拟时钟的“滴答”声速度。保持平稳的呼吸和微笑，默念“我现在很安全”，感受与周围环境的连接。重复8—12轮。

（3）稳定化技术。找一个舒适的姿势坐下，闭上眼睛。想象在一个只属于自己的安全环境，如熟悉的床或小屋。通过视觉、听觉等感官回忆那个地方，感受休息和放松。最后集中注意力在呼吸上，深吸气后缓缓呼气，持续3分钟。

（4）肌肉放松训练。从手部开始，先握紧拳头再放松，然后练习双臂、双脚和小腿的肌肉紧张与放松。通过深呼吸和肌肉紧张与放松的对比来体验放松的感觉。

（5）冥想放松训练。选择一个安静的地方，采取舒适的坐姿，闭上眼睛，专注地观察自然呼吸。在思绪出现时，不进行判断，温和地将注意力带回呼吸上。可以扩展觉知到身体其他部分的感受。

6. 音乐调节法

音乐调节法是指通过运用情绪色彩鲜明的音乐来调节和控制情绪状态的方法。当人们在听音乐时，音乐能够直接影响人的生理和心理状态，帮助调节情绪，减轻紧张感，消除疲劳，改善注意力，提高记忆力，并有助于缓解抑郁、焦虑等不良情绪。

在音乐调节法的实践中，需要根据个人的情况、时间和地点等因素选择适宜的音乐。例如，在紧张的学习或工作之后，可以选择听轻松的音乐来放松身心；在需要提高注意力和集中精神时，可以选择听节奏明快、激励人心的音乐。

此外，音乐调节法不仅可以在个人生活中应用，还可以广泛应用于各种场合，如工厂生产线、机场行李分拣区、医院手术室等，以提高工作效率，减轻员工压力，改善工作环境。

音乐调节法是一种有效且灵活的调节情绪和提高身心状态的方法，但使用时需要根据具体情况进行选择和调整。如需更多关于音乐调节法的信息，建议查阅相关书籍或咨询心理学专家。

拓展园地

“6H4AS”情绪管理方法

优化情绪可以采用“6H4AS”情绪管理方法，以增加快乐，减少烦恼，保持合理的认知、适当的情绪、理智的意志与行为。

当陷于苦恼、生气等负面情绪，出现行为冲动时，使用“4AS”技术来管理情绪，同时运用“6H”技术打开六种快乐的资源，增加快乐，优化情绪。

“6H”（Happy），即六种快乐方式，是指奋斗求乐、化有为乐、化苦为乐、知足常乐、助人为乐、自得其乐。

“4AS”法：A—Ask，即反问、反思；S—Step，即步骤。也就是以下4个反问、反思步骤：

（1）值得吗？自我控制！

（2）为什么？自我澄清！

（3）合理吗？自我修正！

（4）该怎样？自我调适！

第二节　竞技：职业规划大赛挑战

大学生职业生涯教育与就业指导工作贯穿高校招生、培养、就业全过程，是就业指导服务的核心内容、强化择业就业观引导的重要载体、促进毕业生高质量充分就业的基础工作。2023年8月，教育部印发通知举办首届全国大学生职业规划大赛。

为贯彻落实党中央、国务院关于高校毕业生就业工作的决策部署，落实《国务院关于印发“十四五”就业促进规划的通知》（国发〔2021〕14号）精神，加强高校生涯教育和就业指导，增强大学生生涯规划意识，指导其及早做好就业准备，促进高校毕业生高质量充分就业，定于2023年9月至2024年5月举办首届全国大学生职业规划大赛。

一、首届全国大学生职业规划大赛情况

（一）大赛主题

筑梦青春志在四方，规划启航职引未来。

（二）大赛目标

努力将大赛打造成强化生涯教育的大课堂、促进人才供需对接的大平台、服务毕业生就业的大市场。通过举办大赛，更好实现以赛促学，引导大学生树立正确的成才观、就业观和择业观，科学合理规划学业与职业发展，提升就业竞争力；以赛促教，促进高校提高大学生生涯教育水平，做实做细毕业生就业指导服务；以赛促就，广泛发动行业企业和高校参与赛事活动，推动人才供需有效对接，全力促进高校毕业生高质量充分就业。

（三）大赛内容

1. 主体赛事

包括学生成长赛道和就业赛道，每个赛道设高教组和职教组；另设大学生职业发展与就业指导课程教学赛道。

成长赛道：面向中低年级学生，考察其职业发展规划的科学性和围绕实现职业目标的成长过程，通过学习实践持续提升职业目标达成度，增强综合素质和能力。

就业赛道：面向高年级学生，考察其求职实战能力，个人发展路径与经济社会发展需要的适应度，就业能力与职业目标和岗位要求的契合度。

2. 同期活动

各地各高校要围绕主体赛事广泛开展各类就业指导和校园招聘活动；全国总决赛期间将举办校企供需对接、职业体验等系列活动。

（四）大赛赛制

1. 大赛采用校赛、省赛、全国总决赛三级赛制。

2. 校赛由各高校负责组织，省赛由各地负责组织。各地各高校参照大赛成长、就业赛道方案，自主确定参赛名额、比赛环节、评审方式和奖项设置等。各地完成省赛选拔后，择优推荐全国总决赛参赛选手（本科生、研究生、专科生须保持合适比例），并按要求向大赛组委会报送总结材料。

3. 全国总决赛参赛学生选手约600人，其中成长赛道约300人，就业赛道约300人。各赛道每所高校入围选手不超过2人。大赛组委会将综合考虑各地参赛人数、就业指导和招聘活动情况、用人单位参与数量等因素向各地分配全国总决赛参赛名额。

4. 全国总决赛设金奖、银奖、铜奖，另设单项奖、地方和高校优秀组织奖、优秀指导教师奖等奖项。

（五）赛程安排

1. 参赛报名

参赛选手通过全国大学生职业规划大赛平台（以下简称大赛平台）或指定通道进行报名，在大赛平台登录页面可下载学生操作手册。

2. 校赛省赛

各地各高校按要求设省级、校级管理员，使用大赛组委会分配的账号登录大赛平台进行省赛和校赛的管理及信息查看。

大赛平台成长赛道设生涯闯关功能，就业赛道设职业适配度测评功能，参赛选手可根据需要选择参与。

3. 全国总决赛

参加总决赛选手通过现场比赛决出各类奖项。

（六）参赛要求

1. 大赛成长、就业赛道参赛选手须为普通高等学校全日制在校学生。每名选手结合自身条件选择符合要求的一个赛道报名参赛。

2. 参赛选手应按要求在大赛平台准确填写报名信息，提交材料应坚持真实性原则，不得含有违法违规内容，否则将丧失参赛资格、所获奖项等相关权利，自负一切法律责任。

3. 各地各高校应认真做好参赛选手资格审查和提交材料审查工作，确保符合参赛要求。

（七）参赛材料

1. 成长赛道

（1）生涯发展报告：介绍职业发展规划、实现职业目标的具体行动和成果（PDF格式，文字不超过1500字，如有图表不超过5张）。

（2）生涯发展展示（PPT格式，不超过50MB；可加入视频）。

2. 就业赛道

（1）求职简历（PDF格式）。

（2）就业能力展示（PPT格式，不超过50MB；可加入视频）。

（3）辅助证明材料，包括实践、实习、获奖等证明材料（PDF格式，整合为单个文件，不超过50MB）。

（八）比赛环节

1. 成长赛道

成长赛道设主题陈述、评委提问和天降实习offer（实习意向）环节。

（1）主题陈述（8分钟）：选手结合生涯发展报告进行陈述和展示。

（2）评委提问（5分钟）：评委结合选手陈述和现场表现进行提问。

（3）天降实习offer（3分钟）：用人单位根据选手表现，决定是否给出实习意向，并对选手作点评。

2. 就业赛道

就业赛道设主题陈述、综合面试、天降offer（录用意向）环节。

（1）主题陈述（7分钟）：选手陈述个人求职意向和职业准备情况，展示通用素质与岗位能力。

（2）综合面试（8分钟）：评委提出真实工作场景中可能遇到的问题，选手提出解决方案；评委结合选手陈述自由提问。

（3）天降offer（3分钟）：用人单位根据选手表现，决定是否给出录用意向，并对选手作点评。

（九）评审标准

1. 成长赛道

表7–1　成长赛道评分细则

指标	说明	分值
职业目标	1. 职业目标体现积极正向的价值追求，能够将个人理想与国家需要、经济社会发展相结合。 2. 职业目标匹配个人价值观、能力优势、兴趣特点。 3. 准确认识目标职业在专业知识、通用素质、就业能力等方面的要求，科学分析个人现实情况与目标要求的差距，制定合理可行的计划	20
行动成果	1. 成长行动符合目标职业在通用素质、就业能力、职业道德等方面的要求。 2. 成长行动对弥补个人不足的针对性较强。 3. 能够将专业知识应用于成长实践，提高通用素质和就业能力。 4. 成长行动内容丰富，取得阶段性成果	40
目标契合度	1. 行动成果与职业目标的契合程度。 2. 总结成长行动中存在的不足和原因，对成长计划进行自我评估和动态调整	30
实习意向	现场获得用人单位发放实习意向情况	10

2. 就业赛道

表7-2 就业赛道评分细则

<table>
<tr><th colspan="2">指标</th><th rowspan="2">说明</th><th colspan="5">分赛道分值</th></tr>
<tr><th>一级指标</th><th>二级指标</th><th>产品研发</th><th>生产服务</th><th>市场营销</th><th>通用职能</th><th>公共服务</th></tr>
<tr><td rowspan="5">通用素质</td><td>职业精神</td><td>具有家国情怀，有爱岗敬业、忠诚守信、奋斗奉献精神等</td><td rowspan="5">35</td><td rowspan="5">35</td><td rowspan="5">45</td><td rowspan="5">45</td><td rowspan="5">45</td></tr>
<tr><td>心理素质</td><td>具备目标岗位所需的意志力、抗压能力等</td></tr>
<tr><td>思维能力</td><td>具备目标岗位所需的逻辑推理、系统分析和信息处理能力等</td></tr>
<tr><td>沟通能力</td><td>具备目标岗位所需的语言表达、交流协调能力等</td></tr>
<tr><td>执行和领导能力</td><td>能够针对工作任务制定计划并实施，具备目标岗位所需的团队领导、协作、激励和执行能力等</td></tr>
<tr><td rowspan="2">岗位能力</td><td>岗位认知程度</td><td>全面了解目标行业现状、发展趋势和就业需求，准确把握目标岗位的任职要求、工作流程、工作内容等</td><td>20</td><td>20</td><td>15</td><td>15</td><td>15</td></tr>
<tr><td>岗位胜任程度</td><td>具备目标岗位所需的专业能力、实习实践经历、解决实际工作问题的能力等</td><td>25</td><td>25</td><td>20</td><td>20</td><td>20</td></tr>
<tr><td>发展潜力</td><td>—</td><td>职业目标契合行业发展前景和人才需求</td><td>10</td><td>10</td><td>10</td><td>10</td><td>10</td></tr>
<tr><td>录用意向</td><td>—</td><td>现场获得用人单位提供录用意向情况</td><td>10</td><td>10</td><td>10</td><td>10</td><td>10</td></tr>
</table>

二、大赛分析

大赛分校赛、省赛和总决赛三级赛事，面向非毕业班学生设置成长赛道，面向毕业年度求职学生设置就业赛道，面向教师设置大学生职业发展与就业指导课程教学赛道。大赛累计报名学生952万人，覆盖高校2740所。其中，学生成长赛道报名744万人，学生就业赛道报名208万人。课程教学赛道3707名就业指导教师参赛，覆盖1565所高校、1921个课程教学团队。

大赛通过鲜活生动的方式，有效引导了大学生树立正确的择业就业观，有效畅通了供需对接渠道、促进高质量充分就业，有效凝聚了各方合力、推动全社会共同支持高校毕业生就业。

（一）亮点特色

1. 全方位的赛事设计

本届大赛不仅关注学生的职业规划方案，还注重选手的综合素质和临场应变能力。比赛过程中，选手需要接受评委的现场提问和观众的投票考验，全方位地展现自己的职业规划能力和综合素质。

2. 多元化的参与形式

学生可通过学校或个人方式报名参加比赛，提交的职业规划方案可以是针对个人的发展规划，也可以是针对特定行业或领域的规划。这种多元化的参与形式吸引了更多不同领域的学生参与其中。

3. 实战化的评选标准

本次大赛评选标准更接近实际就业市场的需求。评委将根据学生的职业规划方案、现场展示和答辩表现等多个方面进行综合评价，确保评选出的选手具备实际就业竞争力。

4. 持续性的赛事后续

大赛在结束后，组织获奖选手进行经验分享和交流活动，同时为其他学生提供职业规划咨询和指导服务。这种持续性的赛事后续将为更多学生提供实质性的帮助和支持。

（二）成长赛道分析

全国首届全国大学生职业规划大赛成长赛道旨在考察大学生在职业规划方面的科学性和成长过程。这个赛道特别关注大学生如何通过学习与实践，不断提升自己的职业目标达成度，并增强自身的综合素质和能力。

1. 生涯发展报告

参赛选手需要提交一份生涯发展报告，报告内容需包括职业发展规划、实现职业目标的具体行动和成果，并且报告字数需在1500字以内。

（1）明确职业发展目标

职业发展目标的设定是职业生涯规划的基础。在设定职业目标时，我们需要考虑自己的兴趣、优势、价值观和国家需要、经济社会发展等因素。我们的职业目标应该具有明确性、具体性、可行性和现实性。例如，我们可以设定成为一名优秀的软件工程师，或者成为一名具有国际视野的企业家。

（2）全面自我分析

自我分析是职业生涯规划的重要环节。我们需要了解自己的性格、价值观、技能、兴趣、优势和劣势等方面。自我分析可以通过自我评估、他人评价、职业咨询等方式进行，确保分析的全面性和客观性。

通过自我认知分析全面了解自己的优势和不足，了解个人情况与职业目标要求之间的差距，这样才能更准确地确定自己在未来职业生涯中想要从事的领域和岗位，确立更有针对性的短期和长期职业目标。长期目标可以是未来想要从事的行业、职位或公司，短期目标可以是接下来要实现的学业、实习或兼职目标。

（3）阐述具体成长计划

成长计划是职业生涯规划的关键部分，要体现出我们将个人专业知识应用于多种成长实践中，并以阶段性成果来证明通过历练提高了个人通用素质和就业能力。例如，短期内计划通过课程学习、参加培训、比赛、见习、实习等实践活动来积累相关经验，提高技能水平等。

长期内计划通过读书、参加在线课程、进修学位等方式来保持学习的热情和动力，提升专业素养等。还可以争取担任学生组织、社团干部职务，锻炼自己的领导力、组织协调能力和人际交往能力。

（4）阐明各项措施行动的时间节点和预期成果

在制订成长计划时，我们需要明确各项措施行动的时间节点和预期成果。这可以帮助我们更好地管理时间，确保我们能够按时完成计划，并达到预期的成果。例如，如果我们计划参加一个实习项目来提高自己的实践经验，我们需要确定实习的时间、地点和方式，以及预期的收获和成果。

在描述过程中，需要注重体现细节，让评委能够看到我们的努力和进步。

（5）对成长计划进行优化和调整

因为人的需求会随着经历与认知的变化而产生变化，所以我们要总结在成长计划执行过程中自我发展及就业环境与职业目标产生的偏差。特别注意，自我发展的描述应该是积极向上的。随后再讨论我们在职业成长过程中如何根据偏差来调整职业目标、改变学习计划或调整时间安排等。优化和调整成长计划可以帮助我们更好地适应变化，提高职业发展的成功率。

总的来说，生涯发展报告的撰写需要我们明确职业发展目标，通过全面自我分析来确定自己在未来职业生涯中想要从事的领域和岗位，制订具体短期和长期成长计划，明确各项措施行动的时间节点和预期成果，并对成长计划进行优化和调整。只有这样，我们才能更好地规划自己的职业生涯，实现自己的职业梦想。

2. 生涯报告陈述技巧

参赛选手提交一份1500字以内的生涯发展报告后，需要结合生涯发展报告进8分钟以内的现场陈述和展示，评委会根据选手陈述表现情况进行提问。面对评委，参赛选手容易出现过于紧张说话卡顿的情况，影响整体效果。那么如何在现场陈述中做到条理清晰、自信从容呢？充实的陈述内容和良好的个人形象是关键。

（1）陈述内容

开场白：在开始报告之前，建议用一段吸引人的开场白来抓住听众的注意力。可以分享一个自己的与职业规划相关的小故事，或者提出一个引人深思的问题，以引发听众的兴趣。

展示策略与计划：陈述内容应该突出我们的职业目标、计划和优势。将重点放在职业发展计划上，以及为实现这些计划所采取的行动。建议使用SWOT分析模型（即优势、劣势、机会和威胁分析）来解释成长计划实施过程，增强陈述的逻辑性。在陈述过程中，要尽量保持简洁明了，避免使用冗长的词汇和句子，让听众能够迅速抓住重点。同时，注意语调和语速，确保评委和听众能够理解我们的思路和观点。

使用图表展示数据：数据的使用可以增强职业规划的可信度和说服力，最好是使用图表等可视化工具直观地呈现数据，这可以帮助我们更好地表达自己的观点，同时让听众更容易理解我们的职业生涯规划。

成果展示：如果我们在之前已经取得了某些成就或进展，例如获得的奖项、实习经历、学术成就等，那么在陈述中一定要展示出来。这些内容能够证明我们已经具备了实现职业目标的能力和潜力。

结尾总结：在结束陈述之前，需要进行一个简短的总结，重申职业目标和我们为实现这些目标所采取的行动计划。这样可以让整个陈述给评委留下一个清晰的印象。

预想评委的提问：在准备陈述阶段，我们可以通过查找案例、询问老师等方式预想评委可能提问的问题，提前准备一些应对问题的策略。充分的准备在一定程度上能缓解紧张情绪带来的影响。

（2）个人形象

①热情自信的形象

在陈述过程中，要始终保持自信和热情，适时地面带微笑，展示我们对职业规划的热情和信心，这能给听众留下深刻的印象。

②注意肢体语言

在陈述过程中，要始终保持良好的姿势，让评委和听众感受到我们的自信。同时，避免过于紧张或焦虑的肢体语言，比如搓手、手势变换频繁、步伐较多、身体倾斜晃动或目光飘忽不定等。

（三）就业赛道分析

就业赛道，考查学生求职实战能力、个人发展路径与经济社会发展需要的适应度、就业能力与职业目标和岗位要求的契合度。

1. 求职简历撰写技巧

（1）基本信息

包括姓名、性别、出生日期、联系方式（电话、邮箱）应准确无误，方便雇主联系。

居住地址尽量简洁明了，如果与工作地点相近，可以提及。

（2）教育背景

从最高学历开始写起，依次列出学校名称、专业、入学及毕业时间。如有与求职岗位相关的课程或项目经验，可以简要提及。

（3）工作经验

按照时间顺序，列出曾经的实习单位、职位、工作时间。

详细描述在每个职位中的工作职责和取得的成就，尽量用数据或具体案例来支撑。

（4）荣誉证书

列出与求职岗位相关的荣誉证书，如技能认证、行业奖项等。

如果证书有等级或排名，可以标注出来。

（5）技能特长

列出熟练掌握的技能，如办公软件、编程语言等。

如有特长或兴趣爱好与求职岗位相关，可以提及。

2. 自我评价技巧

（1）积极的自我评价

强调自己的优点和长处，如学习能力、沟通能力、团队协作能力等。避免使用过于主观或夸张的词汇，保持真实客观。

（2）有针对性的、证据性的自我评价（关键词+事例）

根据求职岗位的要求，提炼出关键词，如“细心”“责任心强”等。结合自己的实际经历，用具体的事例来支撑这些关键词，使评价更具说服力。

3. 实践经历撰写技巧

（1）数据+难度呈现

在描述实践经历时，尽量使用数据来量化成果，如“完成了4个项目，提高了50%的效率”。描述实践过程中的难点和挑战，以及自己是如何克服它们的，展现解决问题的能力。

（2）挖细节、用数据

深入挖掘实践经历中的细节，如具体的工作内容、遇到的问题及解决方法等。用数据来支撑细节描述，使经历更加具体可信。例如，可以描述在某个项目中负责了哪些具体任务，取得了哪些具体的成果。

4. 就业能力展示设计

此处提供三种思路。

（1）能力总结展示

职业精神：以项目为例，展现敬业、坚韧的态度，确保任务高效完成。

思维能力：提及解决复杂问题的经历，展现逻辑清晰和创新思维。

沟通能力：分享与团队或客户有效沟通的案例，强调清晰表达和倾听。

执行与领导力：描述带领团队或项目的经验，展现决策和执行力。

（2）实践经历与能力提升

岗位专业能力：回顾实践经历，总结在专业技能方面的成长与突破。

通用能力：强调团队合作、问题解决等通用能力的提升，提升职业竞争力。

（3）时间轴下的成长故事

初始阶段：简述初期的经历，强调基础能力的积累和学习态度。

成长阶段：描述承担更多责任和挑战的过程，展现能力的逐步提升。

成熟阶段：总结现阶段的成就，强调在职业道路上的稳定发展和贡献。

拓展园地

2024年3月7日下午，“新华寅源杯”首届全国大学生职业规划大赛山东省大学生职业规划大赛决赛在山东科技职业学院落下帷幕。山东商务职业学院参赛学生表现优异，在来自全省各地高校的160名选手中脱颖而出，荣获“两金、一银、一铜”的好成绩，位列同类参赛院校第一名，隋松昊和宣青山获得“最佳风采奖”，并代表山东参加国赛。

比赛现场，就业赛道文化旅游学院隋同学通过陈述个人求职意向和职业准备情况，展示了一位有情怀有温度的酒店前厅服务员应有的通用素质与岗位能力，以高水平的职业技能和职业素养，赢得了专家评委的阵阵掌声，以小组第一名的成绩斩获金奖，也作为全省选手代表做现场展示，成功入围国赛。孔老师获优秀指导教师奖。

建筑工程学院宣同学，在比赛中自信展示了自己在部队服役期间所执行的警卫任务以及获得的各项荣誉，生动讲述了自己参加2023年北京门头沟特大洪水抗洪抢险任务时的危险经历，展现出高度的责任心与爱国主义情怀，赢得了现场评委的一致赞许。面对评委的提问，他用自己的政治信仰和对职业目标的坚定，收获了现场所有用人单位的实习offer，以小组第一名的好成绩荣获金奖。耿老师获优秀指导教师奖。

智能制造学院孙同学以“深耕制造，为国铸剑”为主题，从选料、锻打、淬火、打磨四个方面进行论述，打动了评委和企业的专家，最终以“产品研发”分赛道第三名的好成绩获得就业赛道银奖。

成长赛道中建筑工程学院任同学通过陈述个人职业准备情况，展示了作为一名乡村建筑设计师应有的通用素质和岗位能力，对评委的提问作出了精彩的回答，获得成长赛道省赛铜奖的好成绩。

智能制造学院孙文斌同学以“深耕制造，为国铸剑”为主题，从选料、锻打、淬火、打磨四个方面进行论述，打动了评委和企业的专家，最终以“产品研发”分赛道第三名的好成绩获得就业赛道银奖。

成长赛道中建筑工程学院任同学通过陈述个人职业准备情况，展示了作为一名乡村建筑设计师应有的通用素质和岗位能力，对评委的提问作出了精彩的回答，获得成长赛道省赛铜奖的好成绩。

思考与练习

请以小组为单位，根据全国大学生职业规划大赛的情况，做一份职业生涯规划书，并准备一份展示PPT。

附录1　WVI职业价值观自测量表

WVI职业价值观测试是心理学家施瓦茨编制的，用来衡量价值观——工作中和工作以外的——以及激励人们工作目标。

量表将职业价值分为三个维度：一是内在价值观，即与职业本身性质有关的因素；二是外在价值观，即与职业性质有关的外部因素；三是外在报酬，共计13个因素——利他主义、美感、智力刺激、成就感、独立性、社会地位、管理、经济报酬、社会交际、安全感、舒适、人际关系、变异性或追求新意。

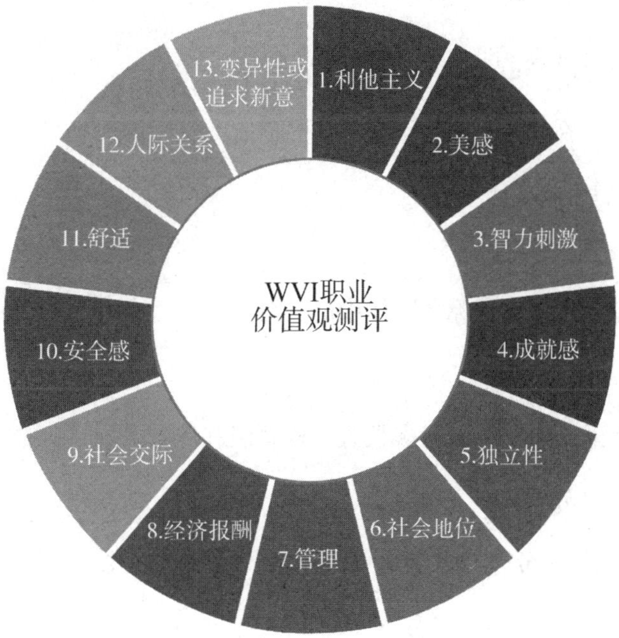

WVI职业价值观测评因素图

测试：下面有52个对职业的期望，请为每题选择一个代表你真实想法的分数，并在分数上画圈。

5=非常重要，4=比较重要，3=一般，2=较不重要，1=很不重要。

请根据自己实际情况或想法选择，每题只有1个答案。通过测试，你可以大致了解自己的职业价值观念倾向。

1. 你的工作必须经常解决新的问题。

1分　2分　3分　4分　5分

2. 你的工作能为社会福利带来看得见的效果。

1分　2分　3分　4分　5分

3. 你的工作奖金很高。

1分　2分　3分　4分　5分

4. 你的工作内容经常变换。

1分　2分　3分　4分　5分

5. 你能在工作范围内自由发挥。

1分　2分　3分　4分　5分

6. 工作能使你的同学、朋友非常羡慕你。

1分　2分　3分　4分　5分

7. 工作带有艺术性。

1分　2分　3分　4分　5分

8. 你的工作能使人感觉到你是团体中的一分子。

1分　2分　3分　4分　5分

9. 不论你怎么干，你总能和大多数人一样晋级和涨工资。

1分　2分　3分　4分　5分

10. 你的工作使你有可能经常变换工作地点、场所或方式。

1分　2分　3分　4分　5分

11. 在工作中你能接触到各种不同的人。

1分　2分　3分　4分　5分

12. 你的工作上下班时间比较随便、自由。

1分 2分 3分 4分 5分

13. 你的工作使你不断获得成功的感觉。

1分 2分 3分 4分 5分

14. 你的工作赋予你高于别人的权力。

1分 2分 3分 4分 5分

15. 在工作中，你能实行一些自己的新想法。

1分 2分 3分 4分 5分

16. 在工作中你不会因为身体或能力等因素，被人瞧不起。

1分 2分 3分 4分 5分

17. 你能从工作的成果中，知道自己做得不错。

1分 2分 3分 4分 5分

18. 你的工作经常要外出、参加各种集会和活动。

1分 2分 3分 4分 5分

19. 只要你做了这份工作，就不再被调到其他意想不到的单位和工种上去。

1分 2分 3分 4分 5分

20. 你的工作能使世界更美丽。

1分 2分 3分 4分 5分

21. 在你的工作中，不会有人常来打扰你。

1分 2分 3分 4分 5分

22. 只要努力，你的工资会高于其他同年龄的人。

1分 2分 3分 4分 5分

23. 你的工作是一项对智力有挑战工作。

1分 2分 3分 4分 5分

24. 你的工作要求你把一些事务管理得井井有条。

1分 2分 3分 4分 5分

25. 你的工作单位有舒适的休息室、更衣室、浴室及其他设备。

1分　2分　3分　4分　5分

26. 你的工作有可能结识各行各业的知名人物。

1分　2分　3分　4分　5分

27. 你在工作中，能和同事建立良好的关系。

1分　2分　3分　4分　5分

28. 在别人眼中，你的工作是很重要的。

1分　2分　3分　4分　5分

29. 在工作中，你经常接触到新鲜的事物。

1分　2分　3分　4分　5分

30. 你的工作使你能常常帮助别人。

1分　2分　3分　4分　5分

31. 你在工作中，有可能经常变换工作内容。

1分　2分　3分　4分　5分

32. 你的作风使你被别人尊重。

1分　2分　3分　4分　5分

33. 同事和领导人品较好，相处比较随意。

1分　2分　3分　4分　5分

34. 你的工作会使许多人认识你。

1分　2分　3分　4分　5分

35. 你的工作场所很好，灯光，安静、清洁，甚至恒温、恒湿。

1分　2分　3分　4分　5分

36. 在工作中，你为他人服务，使他人感到很满意，你自己也很高兴。

1分　2分　3分　4分　5分

37. 你的工作需要计划和组织别人的工作。

1分　2分　3分　4分　5分

38. 你的工作需要敏锐地思考。

1分 2分 3分 4分 5分

39. 你的工作可以使你获得较多的额外收入，比如：常发实物，常购买打折扣的商品，常发商品的提货券、有机会购买进口货等。

1分 2分 3分 4分 5分

40. 在工作中你是不受别人差遣的。

1分 2分 3分 4分 5分

41. 你的工作结果应该是一种艺术品而不是一般的产品。

1分 2分 3分 4分 5分

42. 在工作中不必担心会因为所做的事情领导不满意，而受到训斥或经济惩罚。

1分 2分 3分 4分 5分

43. 你在工作中能和领导有融洽的关系。

1分 2分 3分 4分 5分

44. 你可以看见努力工作的成果。

1分 2分 3分 4分 5分

45. 你的工作常常要你提出许多新的想法。

1分 2分 3分 4分 5分

46. 由于你的工作，经常有许多人来感谢你。

1分 2分 3分 4分 5分

47. 你的工作成果常常能得到上级、同事或社会的肯定。

1分 2分 3分 4分 5分

48. 在工作中，你希望做一个负责人，虽然可能只领导很少几个人。

1分 2分 3分 4分 5分

49. 你从事的工作，经常在报刊、电视中被提到，因而在人们的心目中很有地位。

1分 2分 3分 4分 5分

50. 你的工作有数量可观的夜班费、加班费、保健费或营养费等。

1分　2分　3分　4分　5分

51. 你的工作比较轻松，精神上也不紧张。

1分　2分　3分　4分　5分

52. 你的工作需要和影视、戏剧、音乐、美术、文学等艺术打交道。

1分　2分　3分　4分　5分

请根据下面结果分析中每一项前面的题号，计算每一项的得分总数。然后依次列出得分最高和最低的三项。

得分最高的三项是：________________

得分最低的三项是：________________

结果分析

（一）利他主义（2、30、36、46）

总是为他人着想，工作目的和价值在于直接为大众的幸福和利益尽一份力。

重视利他的你适合从事教师、心理咨询师、社会工作者、医生、护士等工作，这些工作有很多机会帮助到他人。从行业方面看，你可以进入教育、医疗、公益行业，这些行业都是为他人或社会服务的，不论你在其中做任何职位，都可以直接或间接地帮助他人。

持有利他主义价值观的人最容易遇到的问题是帮助他人与获得报酬之间的冲突。通常的解决方法是在职业早期先进入报酬可以满足自己生活开销的工作中，利用业余时间帮助他人；当时机成熟时，可以考虑更多地帮助到别人。

（二）美感（7、20、41、52）

工作的目的和价值，在于能不断地追求美的东西，得到美的享受。

重视美感的你适合从事与艺术和创作有关的工作，比如产品设计、广告设计、UI设计、市场策划、电影电视编导等职位。行业方面，你可以进入与艺术和设计有关的行业，如广告、电影等；也可以进入其他行业的市场或设计部门。

当然，追求美感并不意味着必须具有深厚的艺术功底，也不意味着一定要直接从事艺术方面的工作。

（三）智力刺激（1、23、38、45）

工作的目的和价值，在于不断进行智力的操作、动脑思考、学习，探索新事物，解决新问题。

重视智力刺激的你适合从事设计、开发、咨询、研究等工作，这些工作经常会面临新的问题，需要经常学习和思考才可以解决，可以满足你对智力刺激的需求。

从行业上来看，你适合进入曙光或者朝阳行业，如互联网、金融、教育培训、医疗、传媒、新能源等，这些行业有许多新的问题需要解决，可以满足你对动脑思考、学习和探索新事物的新需要。

（四）成就感（13、17、44、47）

工作的目的和价值，在于不断创新，不断取得成就，不断得到领导与同事的赞扬或不断实现自己想要做的事。

重视成就感的你适合从事可以明确衡量业绩的工作，比如市场、销售、生产、研发等。后勤和支持类的职位并不是最佳选择。从组织类型上看，民企或者创业公司有更多的机会令你获得成就感。

绝大多数的人都希望在工作中获得成就感，如果你的工作成就不易显现，不容易得到领导和同事的赞扬，你可以主动创造一些条件来获得成就感，如记录每天工作中最有成就的事情，每周或每月总结自己的成就等。将工作中的一点一滴记录下来，积累到一定程度以后，自然会感到极大的成就感。

（五）独立性（5、15、21、40）

工作的目的和价值，在于能充分发挥自己的独立性和主动性，按自己的方式、步调或想法去做，不受他人的干扰。

重视独立性的你比较适合的职业类型有培训师、销售、设计等可以独立工作、发挥自己专长的职业。通常可以向专家型角色发展。

你比较适合组织结构较扁平的公司，如互联网公司、小型创业公司等。

（六）社会地位（6、28、32、49）

工作的目的和价值，在于所从事的工作在人们心目中有较高的社会地位，从而使自己得到他人的重视与尊重。

重视社会声望的你比较适合从事社会主流认可的工作。你比较适合的职业类型有公务员、大学老师、医生、大型企业员工等。你适合的组织类型主要有政府机关、事业单位以及规模较大的公司等。你适合的行业类型主要有金融、文化教育、互联网等。

值得注意的是，社会的观念是会随着时间改变而改变的，每个年代人们所看重的东西都不同。坚定自己的信念，找到自己认可的价值才是最重要的。

（七）管理（14、24、37、48）

工作的目的和价值，在于获得对他人或某事物的管理支配权，能指挥或调遣一定范围内的人或事。

重视管理的你适合从事与管理有关的职业。如：企业或政府中的各类管理职位、管理咨询顾问、律师、经济学者。组织类型或行业对你来说并没有什么特殊的限制。

除了在组织内部成为管理者，你也可以考虑自行创业。这样可以实现你对管理的追求。

（八）经济报酬（3、22、39、50）

工作的目的和价值，在于获得优厚的报酬，使自己有足够的财力去获得自己想要的东西，使生活过得较为富足。

重视经济报酬的你比较适合从事回报高的职业。比如：销售、讲师和互联网技术人员等。这些职业可以在较短的时间内获得较高的回报。从行业类型上看，你适合进入正在快速上升的互联网、金融、教育培训、医疗等行业。

经济报酬是伴随着工作能力的增强而提高的，在现有的岗位和行业上坚持提升自己的能力比频繁地更换工作会获得更大的经济报酬。此外你还可以了解如何计算行业的隐形报酬。

（九）社会交际（11、18、26、34）

工作的目的和价值，在于能和各种人交往，建立比较广泛的社会联系和关系，甚至能和知名人物结识。

重视社会交际的你适合从事较多与人接触的工作，例如销售、公关人员、记者、导游、培训师、咨询师、社工等。你需要可以与人接触的工作，行业并不是最关键的因素，不过公关、媒体、广告、会展等行业会有更多的机会与不同的人接触，你可以重点关注这些行业。

（十）安全感（9、16、19、42）

不管自己能力怎样，希望在工作中有一个安稳的局面，不会因为奖金，加工资、调动工作或来领导训斥等经常提心吊胆、心烦意乱。

重视安全感的你适合进入政府、事业单位或者大型国企等组织。这类组织工作环境较稳定，能满足你对安全感的需求。你不适合进小型民企或者创业公司，因为这些公司所处的市场环境变化比较快，公司员流动性比较大，会让你感到不安。

（十一）舒适（12、25、35、51）

希望能将工作作为一种消遣、休息或享受的形式、追求比较舒适、轻松、自由，优越的工作条件和环境。

你适合从事行政管理类的工作，这类工作流程明确，作息规律，能满足你对舒适的要求；与业务直接有关的工作并不适合你，因为业务部门的工作压力往往要大于支持部门。

从组织类型上看，你适合进入大型外企、国企、政府、事业单位等，这些组织的工作环境较好，作息也比较规律，能满足你对舒适度的需要。一些大型互联网公司的工作环境也非常舒适，有些公司还为员工配备了健身房等生活娱乐设施，这些公司的工作时间也很自由，一定程度上能满足你对舒适度的需要。

（十二）人际关系（8、27、33、43）

希望一起工作的大多数同事和领导人品较好，相处在一起感到愉快、自然，认为这就是很有价值的事，是一种极大的满足。

重视人际关系的你应该重点考虑一些成员平均年龄与你的年龄相近的公司，在这样的组织中，同事跟你年龄相仿，更容易相处。

值得注意的是，人际关系是绝大多数人都会看重的职业价值观，并且人际关系与职位和行业的关系较小，因此在选择职业时仅适合作为参考因素。处理人际关系是一项技能，需要在工作中不断练习，当你具备处理人际关系的能力时，在哪里工作都不是问题了。

（十三）追求新意（4、10、29、31）

希望工作的内容经常变换，使工作和生活显得丰富多彩，不单调枯燥。

追求新意的你适合从事有创造性、不枯燥的工作，例如市场策划、互联网产品设计、广告创意设计等。在行业方面你比较适合进入曙光或者朝阳行业，如互联网、文化教育、金融、新媒体、新能源等，这些行业刚刚兴起不久，有很多不确定性，会让你觉得工作丰富而不单调；传统制造业和服务业的工作流程相对固定，不适合你。

从组织类型上看，民企或创业公司更能满足你对新鲜感的追求，而大型国企、政府、事业单位的工作相对较为稳定，流程相对单一，并不适合你。

值得注意的是，大多数职位在初级阶段都会经过重复枯燥的过程，这个过程是必经的，当积累了一定经验之后，你将会负责更多新的任务，工作就会变得丰富多彩起来。

附录2　职业技能标准

职业技能标准是在职业分类的基础上，根据职业活动内容，对从业人员的理论知识和技能要求提出的综合性水平规定。它是开展职业教育培训和人才评价的基本依据。国家职业技能标准是实施职业资格评价和职业技能等级认定的基础，是国家基本职业培训包制定的依据，是规范从业者的从业行为和引导职业教育培训方向的重要参考。

2018年，人力资源社会保障部修订颁布了《国家职业技能标准编制技术规程（2018年版）》，并启动了国家职业技能标准制定修订工作。截至目前，人社部已累计颁布200多个新版国家职业技能标准。

一、职业技能等级划分依据

1. 五级/初级工：能够运用基本技能独立完成本职业的常规工作。

2. 四级/中级工：能够熟练运用基本技能独立完成本职业的常规工作；在特定情况下，能够运用专门技能完成技术较为复杂的工作；能够与他人合作。

3. 三级/高级工：能够熟练运用基本技能和专门技能完成本职业较为复杂的工作，包括完成部分非常规性的工作；能够独立处理工作中出现的问题；能够指导和培训初、中级工。

4. 二级/技师：能够熟练运用专门技能和特殊技能完成本职业复杂的、非常规性的工作；掌握本职业的关键技术技能，能够独立处理和解决技术或工艺难题；在技术技能方面有创新；能够指导和培训初、中、高级工；具有一定的技术管理能力。

5. 一级/高级技师：能够熟练运用专门技能和特殊技能在本职业的各个领域完成复

杂的、非常规性工作；熟练掌握本职业的关键技术技能，能够独立处理和解决高难度的技术问题或工艺难题；在技术攻关和工艺革新方面有创新；能够组织开展技术改造、技术革新活动；能够组织开展系统的专业技术培训；具有技术管理能力。

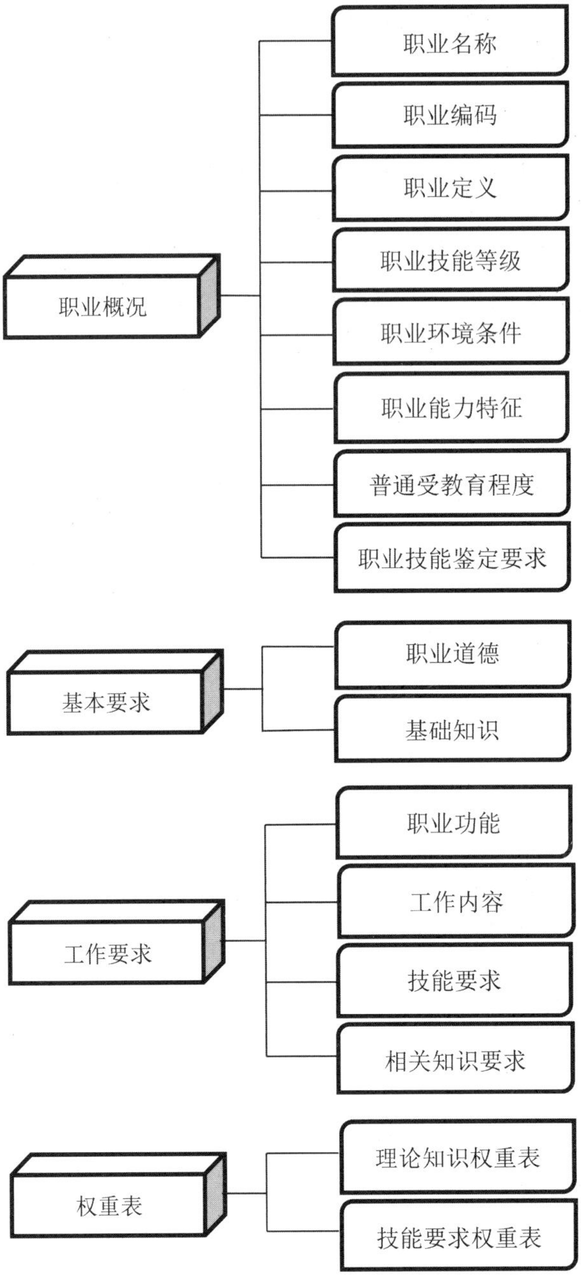

职业标准结构图

二、职业能力特征描述要素

1. 一般智力：主要指学习能力，即获取、领会和理解外界信息的能力，以及分析、推理和判断的能力。

2. 表达能力：以语言或文字方式有效地进行交流、表述的能力。

3. 计算能力：准确而有目的地运用数字进行运算的能力。

4. 空间感：凭思维想象几何形体和将简单三维物体表现为二维图像的能力。

5. 形体知觉：觉察物体、图画或图形资料中有关细部的能力。

6. 色觉：辨别颜色的能力。

7. 手指灵活性：迅速、准确、灵活地运用手指完成既定操作的能力。

8. 手臂灵活性：熟练、准确、稳定地运用手臂完成既定操作的能力。

9. 动作协调性：根据视觉信息协调眼、手、足及身体其他部位，迅速、准确、协调地作出反应，完成既定操作的能力。

附录3 职业资格

职业资格是从事某一职业所需的专业知识、职业技能和工作能力的基本要求，分为准入类和水平评价类。

准入类职业资格，其所涉职业（工种）必须关系公共利益或涉及国家安全、公共安全、人身健康、生命财产安全，且必须有法律法规或国务院决定作为依据；水平评价类职业资格，其所涉职业（工种）应具有较强的专业性和社会通用性，技术技能要求较高，行业管理和人才队伍建设确实需要。

2021年12月，人力资源和社会保障部公布《国家职业资格目录（2021年版）》。

以下是国家职业资格目录（2021年版）。

附件

国家职业资格目录（2021年版）

一、专业技术人员职业资格

（共计59项。其中准入类33项，水平评价类26项）

序号	职业资格名称	实施部门（单位）	资格类别	设定依据
1	教师资格	教育部	准入类	《中华人民共和国教师法》 《教师资格条例》 《〈教师资格条例〉实施办法》（教育部令2000年第10号）
2	法律职业资格	司法部	准入类	《中华人民共和国法官法》 《中华人民共和国检察官法》 《中华人民共和国公务员法》 《中华人民共和国律师法》 《中华人民共和国公证法》 《中华人民共和国仲裁法》 《中华人民共和国行政复议法》 《中华人民共和国行政处罚法》
3	中国委托公证人资格（香港、澳门）	司法部	准入类	《国务院对确需保留的行政审批项目设定行政许可的决定》
4	注册会计师	财政部	准入类	《中华人民共和国注册会计师法》

续表

序号	职业资格名称		实施部门（单位）	资格类别	设定依据
5	注册城乡规划师		自然资源部 人力资源社会保障部 相关行业协会	准入类	《中华人民共和国城乡规划法》
6	注册测绘师		自然资源部 人力资源社会保障部	准入类	《中华人民共和国测绘法》 《注册测绘师制度暂行规定》（国人部发〔2007〕14号）
7	核安全设备无损检验人员资格	民用核安全设备无损检验人员	生态环境部	准入类	《民用核安全设备监督管理条例》
		国防科技工业军用核安全设备无损检验人员	国防科工局	准入类	《中华人民共和国核安全法》
8	核设施操纵人员资格	民用核设施操纵人员	生态环境部 国家能源局	准入类	《中华人民共和国民用核设施安全监督管理条例》
		国防科技工业军用核设施操纵人员	国防科工局	准入类	《中华人民共和国核安全法》
9	注册核安全工程师		生态环境部 人力资源社会保障部	准入类	《中华人民共和国放射性污染防治法》 《注册核安全工程师执业资格制度暂行规定》（人发〔2002〕106号）
10	注册建筑师		全国注册建筑师管理委员会及省级注册建筑师管理委员会	准入类	《中华人民共和国建筑法》 《中华人民共和国注册建筑师条例》 《建设工程勘察设计管理条例》 《关于建立注册建筑师制度及有关工作的通知》（建设〔1994〕第598号）

续表

序号	职业资格名称	实施部门（单位）	资格类别	设定依据
11	监理工程师	住房城乡建设部 交通运输部　水利部 人力资源社会保障部	准入类	《中华人民共和国建筑法》 《建设工程质量管理条例》 《监理工程师职业资格制度规定》（建人规〔2020〕3号） 《注册监理工程师管理规定》（建设部令2006年第147号，根据住房和城乡建设部令2016年第32号修订） 《公路水运工程监理企业资质管理规定》（交通运输部令2019年第37号） 《水利工程建设监理规定》（水利部令2006年第28号，根据水利部令2017年第49号修订）
12	房地产估价师	住房城乡建设部 自然资源部	准入类	《中华人民共和国城市房地产管理法》
13	造价工程师	住房城乡建设部 交通运输部　水利部 人力资源社会保障部	准入类	《中华人民共和国建筑法》 《造价工程师职业资格制度规定》（建人〔2018〕67号） 《注册造价工程师管理办法》（建设部令2006年第150号，根据住房和城乡建设部令2016年第32号、2020年第50号修订）
14	建造师	住房城乡建设部 人力资源社会保障部	准入类	《中华人民共和国建筑法》 《注册建造师管理规定》（建设部令2006年第153号，根据住房和城乡建设部令2016年第32号修订） 《建造师执业资格制度暂行规定》（人发〔2002〕111号）

续表

序号	职业资格名称		实施部门（单位）	资格类别	设定依据
15	勘察设计注册工程师	注册结构工程师	住房城乡建设部 人力资源社会保障部	准入类	《中华人民共和国建筑法》 《建设工程勘察设计管理条例》 《勘察设计注册工程师管理规定》（建设部令2005年第137号，根据住房和城乡建设部令2016年第32号修订） 《注册结构工程师执业资格制度暂行规定》（建设〔1997〕222号）
		注册土木工程师	住房城乡建设部 交通运输部　水利部 人力资源社会保障部		《中华人民共和国建筑法》 《建设工程勘察设计管理条例》 《勘察设计注册工程师管理规定》（建设部令2005年第137号，根据住房和城乡建设部令2016年第32号修订） 《注册土木工程师（岩土）执业资格制度暂行规定》（人发〔2002〕35号） 《注册土木工程师（水利水电工程）制度暂行规定》（国人部发〔2005〕58号） 《注册土木工程师（港口与航道工程）执业资格制度暂行规定》（人发〔2003〕27号） 《勘察设计注册土木工程师（道路工程）制度暂行规定》（国人部发〔2007〕18号）
		注册化工工程师	住房城乡建设部 人力资源社会保障部		《中华人民共和国建筑法》 《建设工程勘察设计管理条例》 《勘察设计注册工程师管理规定》（建设部令2005年第137号，根据住房和城乡建设部令2016年第32号修订） 《注册化工工程师执业资格制度暂行规定》（人发〔2003〕26号）
		注册电气工程师			《中华人民共和国建筑法》 《建设工程勘察设计管理条例》 《勘察设计注册工程师管理规定》（建设部令2005年第137号，根据住房和城乡建设部令2016年第32号修订） 《注册电气工程师执业资格制度暂行规定》（人发〔2003〕25号）

续表

序号	职业资格名称		实施部门（单位）	资格类别	设定依据
15	勘察设计注册工程师	注册公用设备工程师	住房城乡建设部 人力资源社会保障部	准入类	《中华人民共和国建筑法》 《建设工程勘察设计管理条例》 《勘察设计注册工程师管理规定》（建设部令2005年第137号，根据住房和城乡建设部令2016年第32号修订） 《注册公用设备工程师执业资格制度暂行规定》（人发〔2003〕24号）
		注册环保工程师	住房城乡建设部 生态环境部 人力资源社会保障部		《中华人民共和国建筑法》 《建设工程勘察设计管理条例》 《勘察设计注册工程师管理规定》（建设部令2005年第137号，根据住房和城乡建设部令2016年第32号修订） 《注册环保工程师制度暂行规定》（国人部发〔2005〕56号）
16	注册验船师		交通运输部 人力资源社会保障部	准入类	《中华人民共和国船舶和海上设施检验条例》 《中华人民共和国渔业船舶检验条例》 《注册验船师制度暂行规定》（国人部发〔2006〕8号）
17	船员资格（含船员、渔业船员）		交通运输部 农业农村部	准入类	《中华人民共和国海上交通安全法》 《中华人民共和国船员条例》 《中华人民共和国内河交通安全管理条例》 《中华人民共和国渔港水域交通安全管理条例》
18	执业兽医		农业农村部	准入类	《中华人民共和国动物防疫法》
19	演出经纪人员资格		文化和旅游部	准入类	《营业性演出管理条例》 《营业性演出管理条例实施细则》（文化部令2009年第47号，根据文化部令2017年第57号修订）
20	导游资格		文化和旅游部	准入类	《中华人民共和国旅游法》 《导游人员管理条例》

续表

序号	职业资格名称		实施部门（单位）	资格类别	设定依据
21	医生资格	医师	国家卫生健康委	准入类	《中华人民共和国医师法》
		乡村医生			《乡村医生从业管理条例》
		人体器官移植医师			《中华人民共和国医师法》 《人体器官移植条例》 《关于对人体器官移植技术临床应用规划及拟批准开展人体器官移植医疗机构和医师开展审定工作的通知》（卫办医发〔2007〕38号） 《国务院关于取消和调整一批行政审批项目等事项的决定》（国发〔2014〕27号）
		职业病诊断医师			《中华人民共和国职业病防治法》 《国务院关于取消一批职业资格许可和认定事项的决定》（国发〔2016〕5号）
22	护士执业资格		国家卫生健康委 人力资源社会保障部	准入类	《护士条例》 《护士执业资格考试办法》（卫生部、人力资源社会保障部令2010年第74号）
23	母婴保健技术服务人员资格		国家卫生健康委	准入类	《中华人民共和国母婴保健法》
24	注册安全工程师		应急管理部 人力资源社会保障部	准入类	《中华人民共和国安全生产法》 《注册安全工程师职业资格制度规定》（应急〔2019〕8号）
25	注册消防工程师		应急管理部 人力资源社会保障部	准入类	《中华人民共和国消防法》 《注册消防工程师制度暂行规定》（人社部发〔2012〕56号）

续表

序号	职业资格名称		实施部门（单位）	资格类别	设定依据
26	注册计量师		市场监管总局 人力资源社会保障部	准入类	《中华人民共和国计量法》 《注册计量师职业资格制度规定》（国市监计量〔2019〕197号）
27	特种设备检验、检测人员资格		市场监管总局	准入类	《中华人民共和国特种设备安全法》
28	广播电视播音员、主持人资格		广电总局	准入类	《国务院对确需保留的行政审批项目设定行政许可的决定》
29	新闻记者职业资格		国家新闻出版署	准入类	《国务院对确需保留的行政审批项目设定行政许可的决定》 《新闻记者证管理办法》（新闻出版总署令2009年第44号）
30	航空人员资格	空勤人员、地面人员	中国民航局	准入类	《中华人民共和国民用航空法》
		民用航空器外国驾驶员、领航员、飞行机械员、飞行通信员			《国务院对确需保留的行政审批项目设定行政许可的决定》
		航空安全员			《国务院对确需保留的行政审批项目设定行政许可的决定》
		民用航空电信人员、航行情报人员、气象人员			《国务院对确需保留的行政审批项目设定行政许可的决定》

续表

序号	职业资格名称	实施部门（单位）	资格类别	设定依据
31	执业药师	国家药监局 人力资源社会保障部	准入类	《中华人民共和国药品管理法》 《中华人民共和国药品管理法实施条例》 《国务院对确需保留的行政审批项目设定行政许可的决定》 《药品经营质量管理规范》（国家食品药品监督管理总局令2015年第13号，根据国家食品药品监督管理总局令2016年第28号修正） 《执业药师职业资格制度规定》（国药监人〔2019〕12号）
32	专利代理师	国家知识产权局	准入类	《专利代理条例》 《专利代理师资格考试办法》（国家市场监督管理总局令2019年第7号）
33	拍卖师	中国拍卖行业协会	准入类	《中华人民共和国拍卖法》
34	工程咨询（投资）专业技术人员职业资格	国家发展改革委 人力资源社会保障部 中国工程咨询协会	水平评价类	《工程咨询（投资）专业技术人员职业资格制度暂行规定》（人社部发〔2015〕64号）
35	通信专业技术人员职业资格	工业和信息化部 人力资源社会保障部	水平评价类	《中华人民共和国电信条例》 《通信专业技术人员职业水平评价暂行规定》（国人部发〔2006〕10号）
36	计算机技术与软件专业技术资格	工业和信息化部 人力资源社会保障部	水平评价类	《计算机技术与软件专业技术资格（水平）考试暂行规定》（国人部发〔2003〕39号）
37	社会工作者职业资格	民政部 人力资源社会保障部	水平评价类	《国家中长期人才发展规划纲要（2010—2020年）》 《关于加强社会工作专业人才队伍建设的意见》（中组发〔2011〕25号） 《社会工作者职业水平评价暂行规定》（国人部发〔2006〕71号） 《高级社会工作师评价办法》（人社部规〔2018〕2号）

续表

序号	职业资格名称	实施部门（单位）	资格类别	设定依据
38	会计专业技术资格	财政部 人力资源社会保障部	水平评价类	《中华人民共和国会计法》 《关于深化会计人员职称制度改革的指导意见》（人社部发〔2019〕8号） 《会计专业技术资格考试暂行规定》（财会〔2000〕11号）
39	资产评估师	财政部 人力资源社会保障部 中国资产评估协会	水平评价类	《中华人民共和国资产评估法》 《资产评估师职业资格制度暂行规定》（人社部规〔2017〕7号）
40	经济专业技术资格	人力资源社会保障部	水平评价类	《关于深化经济专业人员职称制度改革的指导意见》（人社部发〔2019〕53号） 《经济专业技术资格规定》（人社部规〔2020〕1号）
41	不动产登记代理专业人员职业资格	自然资源部 中国土地估价师与土地登记代理人协会	水平评价类	《不动产登记暂行条例》
42	矿业权评估师	自然资源部 中国矿业权评估师协会	水平评价类	《中华人民共和国资产评估法》 《矿产资源勘查区块登记管理办法》 《矿产资源开采登记管理办法》 《探矿权采矿权转让管理办法》
43	环境影响评价工程师	生态环境部 人力资源社会保障部	水平评价类	《建设项目环境保护管理条例》 《环境影响评价工程师职业资格制度暂行规定》（国人部发〔2004〕13号）
44	房地产经纪专业人员职业资格	住房城乡建设部 人力资源社会保障部 中国房地产估价师与房地产经纪人学会	水平评价类	《中华人民共和国城市房地产管理法》 《房地产经纪专业人员职业资格制度暂行规定》（人社部发〔2015〕47号）

续表

序号	职业资格名称	实施部门（单位）	资格类别	设定依据
45	机动车检测维修专业技术人员职业资格	交通运输部 人力资源社会保障部	水平评价类	《中华人民共和国道路运输条例》 《机动车检测维修专业技术人员职业水平评价暂行规定》（国人部发〔2006〕51号）
46	公路水运工程试验检测专业技术人员职业资格	交通运输部 人力资源社会保障部	水平评价类	《建设工程质量管理条例》 《公路水运工程试验检测专业技术人员职业资格制度规定》（人社部发〔2015〕59号）
47	水利工程质量检测员资格	水利部	水平评价类	《建设工程质量管理条例》 《水利工程质量检测管理规定》（水利部令2008年第36号，根据水利部令2017年第49号、2019年第50号修订）
48	卫生专业技术资格	国家卫生健康委 人力资源社会保障部	水平评价类	《关于深化卫生专业技术人员职称制度改革的指导意见》（人社部发〔2021〕51号） 《临床医学专业技术资格考试暂行规定》（卫人发〔2000〕462号） 《预防医学、全科医学、药学、护理、其他卫生技术等专业技术资格考试暂行规定》（卫人发〔2001〕164号）
49	审计专业技术资格	审计署 人力资源社会保障部	水平评价类	《中华人民共和国审计法》 《中华人民共和国审计法实施条例》 《关于深化审计专业人员职称制度改革的指导意见》（人社部发〔2020〕84号） 《审计专业技术初、中级资格考试规定》（审人发〔2003〕4号） 《高级审计师评价办法（试行）》（人发〔2002〕58号）
50	税务师	税务总局 人力资源社会保障部 中国注册税务师协会	水平评价类	《中华人民共和国税收征收管理法》 《税务师职业资格制度暂行规定》（人社部发〔2015〕90号）

续表

序号	职业资格名称	实施部门（单位）	资格类别	设定依据
51	认证人员职业资格	市场监管总局	水平评价类	《中华人民共和国认证认可条例》
52	设备监理师	市场监管总局 人力资源社会保障部	水平评价类	《国务院关于第三批取消和调整行政审批项目的决定》（国发〔2004〕16号）
53	统计专业技术资格	国家统计局 人力资源社会保障部	水平评价类	《中华人民共和国统计法》 《关于深化统计专业人员职称制度改革的指导意见》（人社部发〔2020〕16号） 《统计专业技术资格考试暂行规定》（国统字〔1995〕46号）
54	出版专业技术人员职业资格	国家新闻出版署 人力资源社会保障部	水平评价类	《出版管理条例》 《音像制品管理条例》 《关于深化出版专业技术人员职称制度改革的指导意见》（人社部发〔2021〕10号） 《出版专业技术人员职业资格考试暂行规定》（人发〔2001〕86号）
55	银行业专业人员职业资格	银保监会 人力资源社会保障部 中国银行业协会	水平评价类	《银行业专业人员职业资格制度暂行规定》（人社部发〔2013〕101号）
56	精算师	银保监会 人力资源社会保障部 中国精算师协会	水平评价类	《中华人民共和国保险法》

续表

序号	职业资格名称	实施部门（单位）	资格类别	设定依据
57	证券期货基金业从业人员资格	证监会	水平评价类	《中华人民共和国证券法》 《中华人民共和国证券投资基金法》 《期货交易管理条例》
58	文物保护工程从业资格	国家文物局	水平评价类	《中华人民共和国文物保护法实施条例》 《文物保护工程管理办法》（文化部令2003年第26号） 《文物保护工程勘察设计资质管理办法（试行）》《文物保护工程施工资质管理办法（试行）》《文物保护工程监理资质管理办法（试行）》（文物保发〔2014〕13号）
59	翻译专业资格	中国外文局 人力资源社会保障部	水平评价类	《关于深化翻译专业人员职称制度改革的指导意见》（人社部发〔2019〕110号） 《翻译专业资格（水平）考试暂行规定》（人发〔2003〕21号）

二、技能人员职业资格

（共计13项）

序号	职业资格名称		实施部门（单位）	资格类别	设定依据	备注
1	焊工	民用核安全设备焊工、焊接操作工	生态环境部	准入类	《民用核安全设备监督管理条例》 《国务院对确需保留的行政审批项目设定行政许可的决定》 《国务院关于修改部分行政法规的决定》	
		国防科技工业军用核安全设备焊接人员	国防科工局	准入类	《中华人民共和国核安全法》	
2	安全保护服务人员	保安员	公安部门及相关机构	准入类	《保安服务管理条例》 《人力资源社会保障部办公厅　公安部办公厅关于颁布保安员国家职业技能标准的通知》（人社厅发〔2019〕60号）	
		民航安全检查员	民航行业技能鉴定机构	水平评价类	《人力资源社会保障部办公厅　中国民用航空局综合司关于颁布民航乘务员等3个国家职业技能标准的通知》（人社厅发〔2019〕110号）	涉及安全，根据2019年12月30日国务院常务会议精神，拟依法调整为准入类职业资格。

续表

序号	职业资格名称		实施部门（单位）	资格类别	设定依据	备注
3	消防和应急救援人员	消防员	消防行业技能鉴定机构	水平评价类	《关于印发灭火救援员国家职业技能标准的通知》（人社厅发〔2011〕18号）	涉及安全，根据2019年12月30日国务院常务会议精神，拟依法调整为准入类职业资格。
		森林消防员	应急管理部、国家林业和草原局		《关于印发第十二批房地产策划师等54个国家职业标准的通知》（劳社厅发〔2006〕1号）	
		应急救援员	紧急救援行业技能鉴定机构		《人力资源社会保障部办公厅　应急管理部办公厅关于颁布应急救援员国家职业技能标准的通知》（人社厅发〔2019〕8号）	
4	消防设施操作员		消防行业技能鉴定机构	准入类	《中华人民共和国消防法》	
5	健身和娱乐场所服务人员	游泳救生员	体育行业技能鉴定机构	准入类	《全民健身条例》	
		社会体育指导员			《全民健身条例》 《第一批高危险性体育项目目录公告》（国家体育总局公告2013年第16号）	指从事游泳、滑雪、潜水、攀岩等高危险性体育项目的社会体育指导员。
6	航空运输服务人员	民航乘务员	民航行业技能鉴定机构	准入类	《中华人民共和国民用航空法》 《人力资源社会保障部办公厅　中国民用航空局综合司关于颁布民航乘务员等3个国家职业技能标准的通知》（人社厅发〔2019〕110号）	
		机场运行指挥员	民航行业技能鉴定机构	水平评价类	《人力资源社会保障部办公厅　中国民用航空局综合司关于颁布民航乘务员等3个国家职业技能标准的通知》（人社厅发〔2019〕110号）	涉及安全，根据2019年12月30日国务院常务会议精神，拟依法调整为准入类职业资格。

续表

序号	职业资格名称		实施部门（单位）	资格类别	设定依据	备注
7	轨道交通运输服务人员	轨道列车司机	交通运输主管部门及相关机构 国家铁路局	准入类	《铁路安全管理条例》 《国务院办公厅关于保障城市轨道交通安全运行的意见》（国办发〔2018〕13号） 《人力资源社会保障部办公厅　交通运输部办公厅　国家铁路局综合司关于颁布轨道列车司机国家职业技能标准的通知》（人社厅发〔2019〕121号）	
8	危险货物、化学品运输从业人员	危险货物道路运输从业人员	交通运输主管部门及相关机构	准入类	《中华人民共和国安全生产法》 《中华人民共和国道路运输条例》 《危险化学品安全管理条例》 《放射性物品运输安全管理条例》 《道路运输从业人员管理规定》（交通运输部令2019年第18号） 《危险货物水路运输从业人员考核和从业资格管理规定》（交通运输部令2021年第29号）	
		放射性物品道路运输从业人员				
		危险货物水路运输从业人员				
9	道路运输从业人员	经营性客运驾驶员	交通运输主管部门及相关机构	准入类	《中华人民共和国道路运输条例》 《国务院关于加强道路交通安全工作的意见》（国发〔2012〕30号） 《道路运输从业人员管理规定》（交通运输部令2019年第18号）	
		经营性货运驾驶员	交通运输主管部门及相关机构	准入类	《中华人民共和国道路运输条例》 《国务院关于加强道路交通安全工作的意见》（国发〔2012〕30号） 《道路运输从业人员管理规定》（交通运输部令2019年第18号）	除使用总质量4500千克及以下普通货运车辆的驾驶人员外。

续表

序号	职业资格名称		实施部门（单位）	资格类别	设定依据	备注
9	道路运输从业人员	出租汽车驾驶员	交通运输主管部门及相关机构	准入类	《国务院对确需保留的行政审批项目设定行政许可的决定》 《出租汽车驾驶员从业资格管理规定》（交通运输部令2021年第15号） 《巡游出租汽车经营服务管理规定》（交通运输部令2021年第16号） 《网络预约出租汽车经营服务管理暂行办法》（交通运输部令2019年第46号）	
10	特种作业人员监管部门		应急管理部门、矿山安全	准入类	《中华人民共和国安全生产法》 《中华人民共和国劳动法》 《中华人民共和国矿山安全法》 《安全生产许可证条例》 《煤矿安全监察条例》 《危险化学品安全管理条例》 《烟花爆竹安全管理条例》 《特种作业人员安全技术培训考核管理规定》（国家安全监管总局令2010年第30号、2013年第63号第一次修正、2015年第80号第二次修正）	
11	建筑施工特种作业人员		住房和城乡建设主管部门及相关机构	准入类	《中华人民共和国安全生产法》 《中华人民共和国特种设备安全法》 《建设工程安全生产管理条例》 《特种设备安全监察条例》 《安全生产许可证条例》 《建筑起重机械安全监督管理规定》（建设部令2008年第166号）	

续表

序号	职业资格名称	实施部门（单位）	资格类别	设定依据	备注
12	特种设备安全管理和作业人员	市场监督管理部门	准入类	《中华人民共和国特种设备安全法》 《特种设备安全监察条例》 《特种设备作业人员监督管理办法》（国家质量监督检验检疫总局令2011年第140号）	
13	家畜繁殖员	农业行业技能鉴定机构	准入类	《中华人民共和国畜牧法》	

附录4　职业技能等级制度

2019年12月，国务院常务会议决定分步取消水平评价类技能人员职业资格，推行社会化职业技能等级认定。除拟依法调整与公共安全、人身健康、生命财产安全等密切相关的职业（工种）为准入类职业资格外，将其他水平评价类技能人员职业资格全部退出国家职业资格目录，不再由政府或其授权的单位认定发证；同时推行职业技能等级制度，由相关社会组织或用人单位按标准依规范开展职业技能等级评价、颁发证书。

职业技能等级制度是指：由用人单位和社会培训评价组织按照有关规定开展职业技能等级认定。符合条件的用人单位可结合实际面向本单位职工自主开展，或按规定面向本单位以外人员提供职业技能等级认定服务。符合条件的社会培训评价组织可根据市场和就业需要，面向全体劳动者开展。

职业技能等级认定机构包括用人单位和社会培训评价组织两类。用人单位中，中央企业由人社部进行遴选，所属子公司、分公司等分支机构由所在地省级人社部门给予工作支持、兑现相应待遇并进行监管；其他用人单位由所在地省级人社部门进行遴选。社会培训评价组织由人社部进行遴选。经遴选的用人单位和社会培训评价组织纳入职业技能等级认定目录，按规定开展职业技能等级认定。

2022年3月18日，《人力资源社会保障部关于健全完善新时代技能人才职业技能等级制度的意见（试行）》发布。

附录4-1 人力资源社会保障部关于健全完善新时代技能人才职业技能等级制度的意见（试行）

各省、自治区、直辖市及新疆生产建设兵团人力资源社会保障厅（局），国务院各部委、各直属机构人事劳动保障工作机构，中央军委政治工作部兵员和文职人员局，有关行业组织、企业人事劳动保障工作机构：

为贯彻落实习近平总书记关于产业工人队伍建设和技能人才工作的一系列重要指示精神，根据中共中央、国务院关于新时期产业工人队伍建设改革、加强和改进新时代人才工作等有关文件要求，现就健全完善新时代技能人才职业技能等级制度提出如下意见。

一、总体要求

（一）指导思想

以习近平新时代中国特色社会主义思想为指导，全面贯彻党的十九大和十九届历次全会以及中央人才工作会议精神，健全技能人才培养、使用、评价、激励制度，畅通技能人才职业发展通道，提高待遇水平，增强荣誉感获得感幸福感，吸引更多劳动者走技能成才、技能报国之路，缓解技能人才短缺问题，充分发挥技能人才在经济社会高质量发展中的重要作用，为全面建设社会主义现代化国家提供有力的人才和技能支撑。

（二）基本原则

——坚持能力为本。围绕经济社会发展对技能人才的需求，充分发挥评价“指挥棒”作用，引导各级各类职业技能培训机构培训方向，激发技能人才参加职业技能培训的内生动力。

——坚持科学评价。遵循技能人才成长规律，以品德、能力、业绩、贡献为导向，完善职业标准，创新评价方式，规范评价流程，坚持考评结合、逐级认定，客观公正评价。优秀的可越级考评。

——坚持效果导向。聚焦技能人才职业发展中的“天花板”问题，完善职业技能等级（岗位）设置体系，畅通技能人才职业发展通道，延伸拓展其成长进步阶梯，推动形成人人学技能、有技能、长技能、比技能的技能型社会。

——坚持岗位使用。围绕用好用活人才，完善促进技能人才发展的政策措施，营造有利于技能人才成长和发挥作用的制度环境，让更多技能人才立足岗位，钻研技能，执着专注，实现岗位成才。

（三）目标任务

“十四五”期末，在以技能人员为主体的规模以上企业和其他用人单位（以下简称用人单位）中，全面推行职业技能等级认定，普遍建立与国家职业资格制度相衔接、与终身职业技能培训制度相适应，并与使用相结合、与待遇相匹配的新时代技能人才职业技能等级制度。涌现一大批高技能领军人才、大国工匠、能工巧匠，高端带动作用不断增强，引领集聚效应不断扩展，培养造就一支数量充足、结构合理、等级清晰、素质优良的产业工人队伍。

二、健全职业技能等级制度体系

（四）全面推行职业技能等级制度。实行技能人才职业技能等级制度，由用人单位和社会培训评价组织（以下简称社评组织）按照有关规定实施职业技能等级认定，使有技能等级晋升需求的人员均有机会得到技能评价。对关系公共利益或涉及国家安全、公共安全、人身健康、生命财产安全的职业（工种），纳入国家职业资格目录，依法实行职业资格准入，并做好与职业技能等级认定的衔接。

（五）健全技能岗位等级设置。企业根据技术技能发展水平等情况，结合实际，在现有职业技能等级设置的基础上适当增加或调整技能等级。对设有高级技师的职业（工种），可在其上增设特级技师和首席技师技术职务（岗位），在初级工之下补设学徒工，形成由学徒工、初级工、中级工、高级工、技师、高级技师、特级技师、首席技师构成的职业技能等级（岗位）序列。行业企业根据自身特点，考虑历史沿用、约定俗成等因素，对上述技能等级名称可使用不同称谓，并明确其与相应技能等级的对应关系。

（六）完善职业标准体系。建立健全由职业标准、评价规范、专项职业能力考核规范等构成的多层次、相互衔接、国际可比的职业标准体系。以满足人力资源管理需要和职业教育培训、技能评价需要为目标，按照职业标准编制技术规程确定的原则和要求开发职业标准或评价规范，并将职业道德、职业操守和劳模精神、劳动精神、工匠精神等要求纳入其中。对国家确定的职业（工种），各省（区、市）和部门（行业）可依托行业组织、龙头企业和院校等开发职业标准或评价规范。

（七）促进职业发展贯通。以职业分类为基础，统筹规划职业技能等级制度、职称制度、职业资格制度框架，并建立境外职业资格证书认可清单制度，避免交叉重复设置和评价，降低社会用人成本。鼓励专业技术人才参加职业技能评价。探索在数字经济领域促进技术技能人才融合发展。

三、完善职业技能等级认定机制

（八）实行分类考核评价。用人单位和社评组织要根据不同类型技能人才的工作特点，实行分类评价。在统一的职业标准体系框架基础上，对技术技能型人才的评价，要突出实际操作能力和解决关键生产技术难题等要求。对知识技能型人才的评价，要突出掌握运用理论知识指导生产实践、创造性开展工作等要求。对复合技能型人才的评价，要突出掌握多项技能、从事多工种多岗位复杂工作等要求。

（九）采取不同考核评价方式。学徒工的转正定级考核，由用人单位在其跟随师傅学习期满和试用期满后，依据本单位有关要求进行。参加中国特色企业新型学徒制的学员按照培养目标进行考核定级。初级工、中级工、高级工、技师、高级技师等级考核是技能考核评价的主体，由用人单位和社评组织按照职业标准和有关规定进行。鼓励支持采取以赛代评方式，依据职业标准举办的职业技能竞赛按照有关规定对获得优秀等次的选手晋升相应职业技能等级。

首席技师、特级技师是在高技能人才中设置的高级技术职务（岗位），一般应在有高级技师的职业（工种）领域中设立，通过评聘的方式进行，实行岗位聘任制。要稳妥有序开展特级技师、首席技师评聘工作，不搞高级技师普遍晋升。对本意见印发前已开展高级技师以上评审工作的，按照本意见有关要求进行复核确认。

特级技师评聘工作要在工程技术领域先行试点的基础上逐步扩大范围，由省级及以上人力资源社会保障部门指导用人单位制定实施方案，对评审标准、程序、办法和配套措施等作出具体规定。用人单位按照制定方案、组织评审、公示核准、任职聘用等程序组织实施。

首席技师原则上从特级技师中产生。首席技师是在技术技能领域作出重大贡献，或本地区、本行业企业公认具有高超技能、精湛技艺的高技能人才。首席技师评聘工作要在特级技师评聘的基础上先行试点、逐步推开，由省级及以上人力资源社会保障部门、国务院有关行业主管部门指导用人单位实施，采取基层推荐、地方或行业评审、公示核准、用人单位聘任等程序进行。

（十）支持用人单位自主开展职业技能等级认定。用人单位结合生产经营特点和实际需要，按照有关规定自主开展技能人才评价。鼓励用人单位在职业技能等级认定工作初期，广泛开展定级考评，根据岗位条件、职工日常表现、工作业绩等，按照有关规定认定职工相应职业技能等级。用人单位可将职业技能等级认定与岗位练兵、技术比武、技术攻关、揭榜领题等相结合。打破学历、资历、年龄、比例等限制，对技艺高超、业绩突出的一线职工，按照规定直接认定其相应技能等级。被派遣劳动者可在用工单位进行职业技能等级认定。

（十一）推行社会化职业技能等级认定。按照统筹规划、合理布局、严格条件、择优遴选、动态调整的原则，面向社会公开征集遴选社评组织。社评组织根据市场需求和劳动者就业创业需要，依据有关规定，按照客观、公正、科学、规范的原则，面向劳动者开展职业技能等级认定。

（十二）指导技工院校全面开展职业技能等级认定。促进技工院校教学与企业用人需求紧密结合，推行工学一体化技能人才培养模式，加强专业设置与产业需求对接、课程内容与职业标准对接、教学过程与工作过程对接，积极为学生提供职业技能等级认定服务。同时，支持技工院校依托合作企业为学生提供职业技能等级认定服务。加大将技工院校培育为社评组织力度，面向各类就业群体提供职业技能等级认定服务。

四、促进职业技能等级认定结果与培养使用待遇相结合

（十三）充分发挥技能评价对提高培养培训质量的导向作用。要将职业技能等级认定作为引导职业技能培训方向、检验培训质量的重要手段。依据职业标准组织开展各等级职业技能培训，突出能力导向，强化高技能人才培训，促进职业技能培训与职业技能等级认定有机衔接。推动建立并形成贯穿劳动者学习工作终身、覆盖劳动者职业生涯全程的职业技能培训制度。

（十四）促进职业技能等级认定结果与岗位使用有效衔接。建立评价与使用相结合的机制，评以适用、以用促评。用人单位结合用人需求，根据职业技能等级认定结果合理安排使用技能人才，实现职业技能等级认定结果与技能人才使用相衔接。实行聘期管理制度，健全日常和动态考核制度，在岗位聘用中实现人员能上能下。

（十五）建立与职业技能等级（岗位）序列相匹配的岗位绩效工资制。推动《技能人才薪酬分配指引》落实落地，强化工资收入分配的技能价值激励导向。引导用人单位建立基于岗位价值、能力素质、业绩贡献的工资分配制度，将职业技能等级作为技能人才工资分配的重要参考，突出技能人才实际贡献，通过在工资结构中设置体现技术技能价值的工资单元，或根据职业技能等级设置单独的技能津贴等方式，合理确定技能人才工资水平，实现多劳者多得、技高者多得。

（十六）健全高技能人才激励机制。引导用人单位工资分配向高技能人才倾斜，高技能人才人均工资增幅不低于本单位相应层级专业技术人员和管理人员人均工资增幅。对优秀的高技能人才，可探索实行协议工资、项目工资、年薪制、专项特殊奖励、股权期权激励、技术创新成果入股、岗位分红等激励办法。对在聘的高级工、技师、高级技师在学习进修、岗位聘任、职务职级晋升、评优评奖、科研项目申报等方面，比照相应层级专业技术人员享受同等待遇。聘用到特级技师岗位的人员，比照正高级职称人员享受同等待遇。首席技师薪酬待遇可参照本单位高级管理人员标准确定或根据实际确定，不低于特级技师薪酬待遇。机关事业单位工勤（工勤技能）人员的职业技能等级（岗位）设置和薪酬待遇按照有关规定执行。

五、加强服务监管

（十七）加强组织领导。健全完善职业技能等级制度关系广大技能人才的切身利益，涉及面广，政治性、政策性和技术性都非常强。各级人力资源社会保障部门要充分认识实施职业技能等级制度的重要意义，要从提升技能人才社会地位、巩固党的执政基础、实现人民共同富裕的高度，切实加强组织领导，统筹规划，周密部署，精心组织。要做好推动落实、服务保障、监督检查以及宣传引导等工作。

（十八）健全公共服务体系。按照全覆盖、可及性、便利性的要求，建立健全技能人才评价服务体系。做好评价机构备案服务，公布机构目录并实行动态调整。严格、规范证书（或电子证书）管理。建立完善信息化服务管理系统，面向社会提供技能人才评价机构和证书查询验证服务。加强跨区域职业技能等级认定结果互认，探索职业技能等级认定结果国际互认。

（十九）加强质量督导和监管。建立健全质量监管体系，实现事前事中事后全链条全领域监管。各地要按照属地管理原则，做好技能人才评价工作的综合管理。加强质量督导，采取“双随机、一公开”和“互联网+监管”等方式，加强对用人单位和社评组织及其评价活动的监督管理和指导。健全评价质量评估机制，及时向社会公开评估结果。用人单位和社评组织要落实评价质量管理主体责任，接受同行监督和社会监督。

人力资源社会保障部

2022年3月18日

附录4-2 职业技能等级（岗位）要求

<table>
<tr><th>序号</th><th>级别名称</th><th>基本要求</th><th>实施机构</th></tr>
<tr><td>1</td><td>学徒工</td><td>能够基本完成本职业某一方面的主要工作。</td><td>用人单位</td></tr>
<tr><td>2</td><td>初级工</td><td>能够运用基本技能独立完成本职业的常规工作。</td><td rowspan="5">用人单位和社评组织</td></tr>
<tr><td>3</td><td>中级工</td><td>能够熟练运用基本技能独立完成本职业的常规工作；在特定情况下，能够运用专门技能完成技术较为复杂的工作；能够与他人合作。</td></tr>
<tr><td>4</td><td>高级工</td><td>能够熟练运用基本技能和专门技能完成本职业较为复杂的工作，包括完成部分非常规性的工作；能够独立处理工作中出现的问题；能够指导和培训初、中级工。</td></tr>
<tr><td>5</td><td>技师</td><td>能够熟练运用专门技能和特殊技能完成本职业复杂的、非常规性的工作；掌握本职业的关键技术技能，能够独立处理和解决技术或工艺难题；在技术技能方面有创新；能够指导和培训初、中、高级工；具有一定的技术管理能力。</td></tr>
<tr><td>6</td><td>高级技师</td><td>能够熟练运用专门技能和特殊技能在本职业的各个领域完成复杂的、非常规性工作；熟练掌握本职业的关键技术技能，能够独立处理和解决高难度的技术问题或工艺难题；在技术攻关和工艺革新方面有创新；能够组织开展技术改造、技术革新活动；能够组织开展系统的专业技术培训；具有技术管理能力。</td></tr>
<tr><td>7</td><td>特级技师</td><td>在生产科研一线从事技术技能工作、业绩贡献突出的“企业高技能领军人才”。能够熟练运用专门技能和特殊技能在本职业的各个领域完成复杂的、非常规性工作；精通本职业及相关职业的重要理论原理及关键技术技能，能够独立处理和解决高难度的技术问题或工艺难题；承担传授技艺的任务，在技能人才梯队培养上作出突出贡献。</td><td>省级及以上人力资源社会保障部门指导用人单位实施</td></tr>
</table>

续表

序号	级别名称	基本要求	实施机构
8	首席技师	在技术技能领域作出重大贡献，或在本地区、本行业企业具有公认的高超技能、精湛技艺的“地方或行业企业高技能领军人才”。为地方、行业企业高技能人才队伍建设作出突出贡献；为国家重大技术攻关、成果转化、技术创新、发明等作出突出贡献，在地方、行业企业的技术进步与发展中发挥关键作用，专业水平在地方、行业企业具有很高认可度和影响力。	省级及以上人力资源社会保障部门、国务院有关行业主管部门指导用人单位实施

注：

1. 行业企业可结合实际对上述要求进行修订完善。

2. 上述职业技能等级证书样式和编码按照有关规定确定。证书编码第16位为大写英文字母或阿拉伯数字，其中“X”表示“学徒工”，“T”表示“特级技师”，“S”表示“首席技师”，“5、4、3、2、1”分别表示“初级工、中级工、高级工、技师、高级技师”。

筑梦未来·职业导航系列校企合作创新教材

逐梦青春：大学生职业生涯规划实践手册

卢永刚
王　羽　主　编
胡顺博
殷　茜　副主编

山东人民出版社·济南
国家一级出版社　全国百佳图书出版单位

目　录

一 气质类型分析

有一天，有一个人坐在公园的长椅上休息，他把帽子随手放在长椅上，这时候另一个人突然一屁股坐下来，刚好坐在了帽子上。这时，如果你是这个帽子的主人，你会做出什么样的反应？

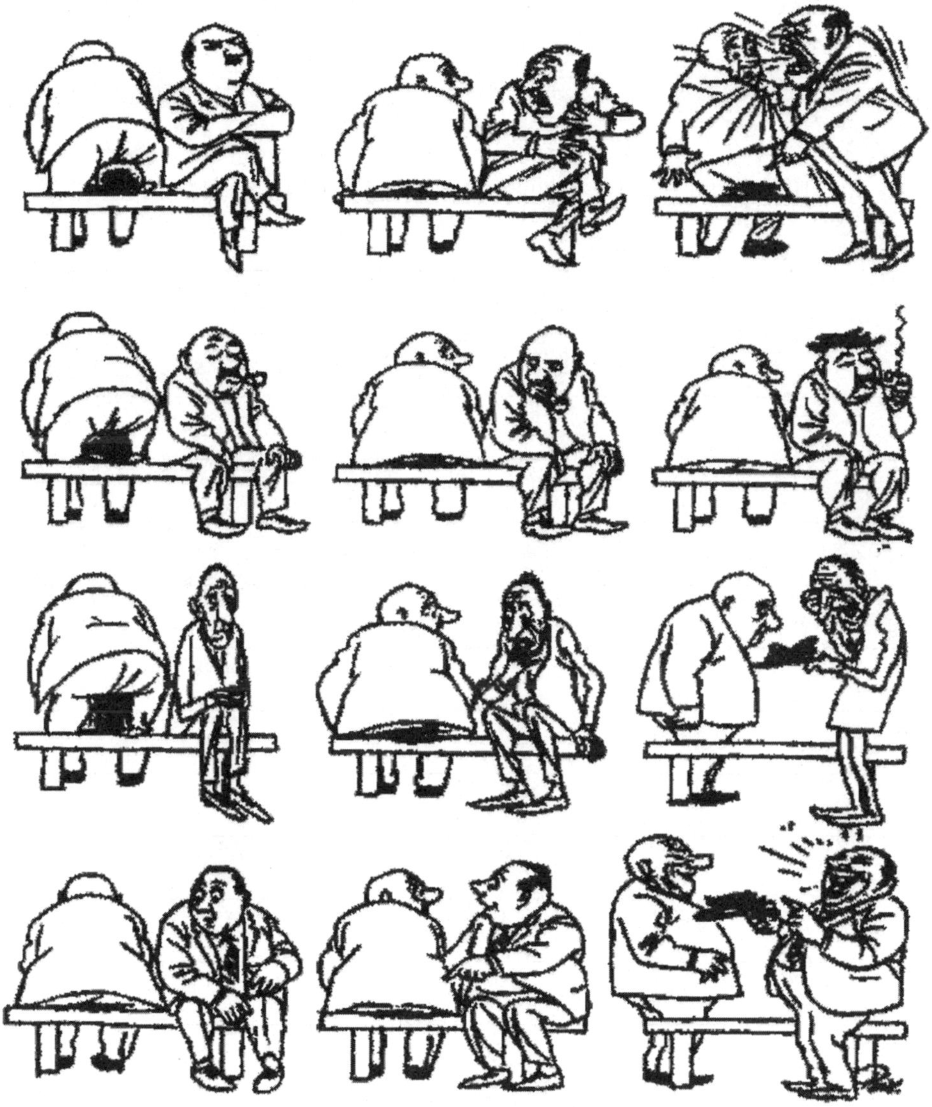

图1 四种人的反应

别急，我们往下看：

漫画中四个人在这件事上的反应各不相同。

甲：发现自己的帽子被别人坐坏了，情绪非常激动，揪着对方的衣领，破口大骂，指责对方。

乙：发现自己的帽子被别人坐坏了，什么也没说。

丙：发现自己的帽子被别人坐坏了，非常郁闷，唉声叹气，愁眉苦脸。

丁：发现自己的帽子被别人坐坏了，友好地告知对方并愉快地解决了这件事。

那么，面对同一件事，为什么不同的人反应不同？说说你的理解。

二　兴趣岛游戏

你获得了一次免费岛屿度假的机会，唯一的要求是你必须与岛上的居民一起生活至少半年的时间。

1. 请不要考虑其他因素，仅凭自己的兴趣挑出你最想前往的岛屿。

2. 你其次会选择哪一个岛？

3. 你不愿意选择哪一个岛？

选好之后，依次记下问题的答案。

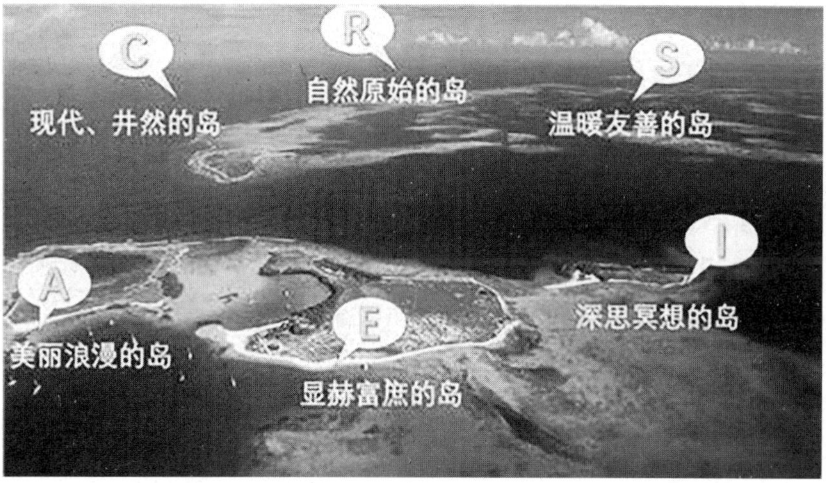

图2　兴趣岛

R：自然原始的岛屿

岛上的自然生态保持得很好，有各种野生动物。居民以手工见长，自己种植花果蔬菜、修缮房屋、打造器物、制作工具，喜欢户外活动。

I：深思冥想的岛屿

有多处天文馆、科技博物馆及图书馆。居民喜欢观察学习，崇尚和追求真知。常有机会和来自各地的哲学家、科学家、心理学家等交换心得。

A：美丽浪漫的岛屿

充满了美术馆、音乐厅，街头雕塑和街边艺人，弥漫着浓厚的艺术文化气息。居民保留了传统的舞蹈、音乐与绘画。许多文艺界的朋友都喜欢来这个地方找寻灵感。

C：现代、井然的岛屿

岛上建筑十分现代化，是进步的都市形态，以完善的户政管理、地政管理、金融管理见长。岛民个性冷静，处事有条不紊，善于组织规划，细心高效。

E：显赫富庶的岛屿

居民善于企业经营和贸易，能言善道。经济高度发展，处处是高级饭店、俱乐部、高尔夫球场，往来者多是企业家、经理人、政治家、律师等。

S：友善亲切的岛屿

居民个性温和、友善、乐于助人。社区均自成一个密切互动的服务网络，人们重视互助合作，重视教育，关怀他人，充满人文气息。

测试分析：

A、C、E、I、R、S 6个岛事实上分别代表了6种职业类型，它们的描述以及关系：A岛——艺术型，C岛——常规型，E岛——企业型，I岛——研究型，R岛——实用型，S岛——社会型。

具体分析如下：

A岛——艺术型（Artistic）

总体特征：理想主义者，拥有独特的思维模式和丰富的想象力，直觉敏锐，情感充沛。

偏好的活动：倾向于创造与自我表达的活动，涵盖音乐、美术、写作、戏剧等领域。

适合的职业：总体上，偏好“非精细管理的创意”及创造类工作，如音乐家、作曲家、乐队指挥、美术家、漫画家、作家、诗人、舞蹈家、演员、戏剧导演、广告设计师、室内装潢设计师等。

C岛——常规型（Conventional）

总体特征：追求秩序，自我约束，顺从性强，防御心理明显，注重实际，避免创造性活动。

偏好的活动：偏好固定且有秩序的活动，如数据处理和组织工作，乐于在大型机构中担任从属角色，并期望工作要求和标准明确。

适合的职业：总体上，喜欢规则清晰、按部就班、注重效率的工作，如税务专家、会计师、银行出纳、行政助理、秘书、档案文书、计算机操作员等。

E岛——企业型（Enterprising）

总体特征：乐观开朗，勇于冒险，行事果断，自信满满，精力充沛，热衷于表达观点和见解。

偏好的活动：喜欢领导他人，影响他人，或为实现个人及组织目标而进行说服工作，追求事业成就。

适合的职业：总体上，偏好需要领导力、人际交往能力和说服力的职业，以达成组织目标，如商业管理者、市场或销售经理、营销人员、采购员、投资商、电视制片人、保险代理、政治运动领袖、公关人员、律师等。

I岛——研究型（Investigative）

总体特征：独立自主，好奇心旺盛，敏感且谨慎，重视分析与自我反思，热爱抽象推理等智力活动。

偏好的活动：倾向于独立探索、研究、理解和思考需要深入分析的抽象问题，独自处理信息、观点及理论。

适合的职业：总体上，偏好以观察、学习、探索、分析、评估或解决问题为核心的工作，如实验室研究员、物理学家、化学家、生物学家、工程师、程序设计员、社会学家等。

R岛——实用型（Realistic）

总体特征：性格平和稳重，重视物质，追求实际效果，偏爱实际操作与动手实践。

偏好的活动：倾向于从事户外劳动或操作机器等事务性活动，不喜办公室环境。

适合的职业：总体上，喜欢与户外环境、动植物、实物、工具、机器打交道的工作，如农业、林业、渔业、野外生活管理、制造业、机械业、技术贸易、特种工程师、军事工作等。

S岛——社会型（Social）

总体特征：洞察力强，乐于助人，擅长合作，珍视友谊，热心关怀他人幸福，有强烈的社会责任感，关注个人工作对他人及社会的贡献。

偏好的活动：喜欢与他人合作，协助他人解决难题。

适合的职业：总体上，偏好帮助、支持和教导类工作，如牧师、心理咨询师、社会工作者、教师、辅导员、医护人员及其他各类服务性行业人员。

三 技能词汇表

说明：技能词汇表的作用是启发同学们的思路，并不代表某种技能的全部。关于更为丰富的技能词汇，大家可以参考网络等相关资源。

表1 专业知识技能词汇表

会计	管理	农业	飞机
仪器	椅子	娱乐	疾病
学徒	支票	设备	魔力
仲裁	化学	道德	玻璃
建筑	教堂	欧洲	目标
数学	城市	织物	政府
艺术	泥土	家庭	机构
亚洲	衣服	时尚	谷物
天文	学院	发酵	语法
原子	喜剧	纤维	小组
音频	公司	头发	信仰
修建	消防	听力	毯子
顾客	飞行	园艺	蓝图
风俗	地板	医院	植物
装饰	食物	人性	预算
疾病	叉车	意识	戏剧
水果	文盲	生意	染料
家具	移民	橱柜	地震
皮毛	税收	卡通	雇主

续表

宝石	兴趣	新闻	药物
行李	问题	正义	会议
包装	产品	语言	细菌
形式	出版	法律	电影
绩效	棉被	草坪	动物
人格	铁路	领导	马达
前景	范围	文学	声音
图画	饭馆	位置	导航
灰浆	河流	长寿	报纸
游戏	角色	地图	戏剧
政治	销售	婚姻	光学
杂技	卫生	材料	组织
工具	风景	雕塑	风暴
玩具	武器	海洋	火炉
培训	天气	种子	策略
火车	纺织	丝绸	对称
制服	窗户	素描	牙齿
假期	木材	舞台	剧院
视力	写作	污点	神学
图像	射线	统计学	理论
词汇	游艇	存货	疗法
声音	故事	污染物	摩托车
望远镜	麻醉剂	解剖学	青春期
老年学	计算机	人类学	制陶术
工程学	地理学	办公设备	青年团体
包装材料	体育运动	卫生设备	野生生物

表2　自我管理技能词汇表

诚实的	正直的	自信的	开朗的
合作的	耐心的	细致的	慎重的
认真的	负责的	可靠的	幽默的
友好的	真诚的	热情的	投入的
高效的	冷静的	严谨的	踏实的
积极的	主动的	豪爽的	勇敢的
忠诚的	直爽的	现实的	执着的
机灵的	感性的	善良的	大度的
坚强的	随和的	聪明的	稳重的
热情的	乐观的	朴实的	渊博的
机智的	敏捷的	活泼的	灵活的
敏锐的	公正的	宽容的	勤奋的
镇定的	坦率的	慷慨的	清晰的
明智的	坚定的	乐观的	亲切的
好奇的	果断的	独立的	成熟的
谦虚的	理性的	周详的	客观的
平和的	有创意的	慈爱的	有远见的
有抱负的	有条理的	有激情的	善于观察
坚忍不拔	足智多谋	精力旺盛	吃苦耐劳
多才多艺	彬彬有礼	善解人意	温和坚定

表3　通用技能词汇表

照顾	指导	执行	运送
洞察	适应	制图	发现
管理	选择	控制	拆除
分类	复制	草拟	分析
训练	纠正	绘制	收集

续表

联络	交流	编辑	安排
比较	创造	装配	比赛
培养	鼓励	决定	评估
定义	协助	参加	领会
娱乐	审核	计算	证明
权衡	设计	估计	详述
美化	协和	探测	购买
探索	发明	预测	解释
保存	表达	促进	领导
搬运	感受	学习	喂养
分享	提升	填充	倾听
校对	简化	定位	调整
唱歌	保护	装载	融资
交际	管理	预见	分类
追随	演讲	操纵	提问
拼写	阐述	驾驶	阅读
推理	激励	募捐	调停
推荐	精简	记忆	测量
研究	调解	会见	记录
建议	招聘	总结	统治
监督	示范	恢复	审视
引导	修改	讲述	激发
收获	教导	处理	合成
回忆	列表	研究	呈递
报告	商讨	帮助	交谈
修理	识别	描绘	举例
观察	开玩笑	概念化	系统化

四　菲尔人格测试

这个测试是美国的菲尔·麦格劳博士在著名主持人奥普拉的节目里做的，国际上称之为“菲尔人格测试”，时下被很多大公司人事部门用来测查员工的性格。

菲尔人格的10项测试题

1. 你何时感觉最好？

A. 早晨

B. 下午及傍晚

C. 夜里

2. 你走路是

A. 大步地快走

B. 小步地快走

C. 不快，仰着头面对着世界

D. 不快，低着头

E. 很慢

3. 和人说话时，你

A. 手臂交叠站着

B. 双手紧握着

C. 一只手或两手放在臀部

D. 碰着或推着与你说话的人

E. 玩着你的耳朵、摸着你的下巴或用手整理头发

4. 坐着休息时，你

A. 两膝盖并拢

B. 两腿交叉

C. 两腿伸直

D. 一腿蜷在身下

5. 碰到令你发笑的事情时，你的反应是

A. 欣赏地大笑

B. 笑着，但不大声

C. 轻声地笑

D. 羞怯地微笑

6. 当你去一个聚会或社交场合时你

A. 很大声地入场以引起注意

B. 安静地入场，找你认识的人

C. 非常安静地入场，尽量不被人注意

7. 当你非常专心工作时，有人打断你，你会

A. 欢迎他

B. 感到非常恼怒

C. 在上述两极端之间

8. 下列颜色中，你最喜欢什么颜色？

A. 红或橘黄色

B. 黑色

C. 黄色或浅蓝色

D. 绿色

E. 深蓝色或紫色

F. 白色

G. 棕色或灰色

9. 临入睡的前几分钟，你在床上的姿势是

A. 仰躺，伸直

B. 俯卧，伸直

C. 侧躺，微蜷

D. 头睡在一条手臂上

E. 被子盖过头

10. 你经常梦到自己

A. 落下

B. 打架或挣扎

C. 找东西或人

D. 飞或漂浮

E. 平常不做梦

F. 梦都是愉快的

菲尔人格测试的得分标准

选项	题目									
	1	2	3	4	5	6	7	8	9	10
A	2	6	4	4	6	6	6	6	7	4
B	4	4	2	6	4	4	2	7	6	2
C	6	7	5	2	3	2	4	5	4	3
D	—	2	7	1	5	—	—	4	2	5
E	—	1	6	—	—	—	—	3	1	6
F	—	—	—	—	—	—	—	2	—	1
G	—	—	—	—	—	—	—	1	—	—

菲尔人格测试的结果评测

低于21分：内向的悲观者。

人们认为你是一个害羞的、神经质的、优柔寡断的人，是需人照顾、永远要别人为你做决定、不想与任何事或任何人有关的人。他们认为你是一个杞人忧天者，一个能看到不存在的问题的人。有些人认为你令人乏味，只有那些深知你的人知道你不是这样的人。

21分到30分：缺乏信心的挑剔者。

你的朋友认为你勤勉刻苦、很挑剔。他们认为你是一个谨慎的、十分小心的人，一个缓慢而稳定辛勤工作的人。如果你做任何冲动的事或无准备的事，他们会大吃一惊。他们认为你会从各个方面仔细地检查一切之后，仍决定不做某件事。他们认为这种反应可能是你小心的天性引起的。

31分到40分：以牙还牙的自我保护者。

别人认为你是一个明智、谨慎、注重实效的人，也认为你是一个伶俐、有天赋有才干且谦虚的人。你不会很快、很容易和人成为朋友，但你是一个对朋友非常忠诚的人，同时要求朋友对你也有忠诚的回报。那些真正有机会了解你的人会知道要动摇你对朋友的信任是很难的；但相同的，一旦这份信任被破坏，你会很难熬。

41分到50分：平衡的中道者。

别人认为你是一个新鲜的、有活力的、有魅力的、好玩的、讲究实际的而永远有趣的人。他们也认为你亲切、和蔼、体贴，能谅解人，是一个永远会使人高兴起来并会帮助别人的人。

51分到60分：吸引人的冒险家。

别人认为你是一个令人兴奋的、高度活泼的、易冲动的人，你是一个天生的领袖、会很快做出决定的人，虽然你的决定不总是对的。他们认为你是大胆的和冒险的，会愿意试做任何事，是一个愿意冒险的人。

60分以上：傲慢的孤独者。

别人认为对你必须“小心处理”。在别人的眼中，你是自负的、以自我为中心的，是个有支配欲、统治欲的人。别人可能钦佩你，希望能多像你一点，但不会永远相信你，会对与你进行更深入的来往有所踌躇及犹豫。

五　我的个人价值观宣言

我的个人价值观是：

我对个人价值观的自我承诺：

六　职业性格测验表

根据自己的实际情况，对下面的问题作出回答。若句子表述符合你的情况，则计1次数。

第一组

（1）喜欢内容经常变化的活动或工作情景。

（2）喜欢参加新颖的活动。

（3）喜欢提出新的活动并付诸行动。

（4）不喜欢预先对活动或工作作出明确而细致的计划。

（5）讨厌需要耐心、细致的工作。

（6）能够很适应新环境。

第一组总计次数（　）

第二组

（1）当注意力集中于一件事时，别的事很难使我分心。

（2）在做事情的时候，不喜欢受到出乎意料的干扰。

（3）生活有规律，很少违反作息制度。

（4）按照一个设定好的工作模式来做事情。

（5）能够长时间做枯燥、单调的工作。

第二组总计次数（　）

第三组

（1）喜欢按照别人的指示办事，需要负责任。

（2）在按别人指示做事时，自己不考虑为什么要做这些事，只是完成任务就算了。

（3）喜欢让别人来检查工作。

（4）在工作上听从指挥，不喜欢自己作出决定。

（5）工作时喜欢别人把任务的要求讲得明确而细致。

（6）喜欢一丝不苟按计划做事，直到得到一个圆满的结果。

第三组总计次数（　　）

第四组

（1）喜欢对自己的工作独立作出计划。

（2）能处理和安排突然发生的事情。

（3）能对将要发生的事情负起责任。

（4）喜欢在紧急情况下果断作出决定。

（5）善于动脑筋，出主意，想办法。

（6）通常情况下对学习、活动有信心。

第四组总计次数（　）

第五组

（1）喜欢与新朋友相识并一起工作。

（2）喜欢在几乎没有个人秘密的场所工作。

（3）试图忠实于别人且与别人友好。

（4）喜欢与人互通信息，交流思想。

（5）喜欢参加集体活动，努力完成所分给的任务。

第五组总计次数（　　）

第六组

（1）理解问题总比别人快。

（2）试图使别人相信自己的观点，善于使别人按自己的想法来做事情。

（3）善于通过谈话或书信来说服别人。

（4）善于使别人按你自己的想法来做事情。

（5）试图让一些自信心差的同学振作起来。

（6）试图在一场争论中获胜。

第六组总计次数（　　）

第七组

（1）能做到临危不惧

（2）能做到临场不慌。

（3）能做到知难而退。

（4）能冷静处理好突然发生的事故。

（5）遇到偶然事故可能伤及他人时，能果断采取措施。

（6）是一个机智灵活、反应敏捷的人。

第七组总计次数（　　）

第八组

（1）喜欢表达自己的观点和感情。

（2）做一件事情时，很少考虑它的利弊得失。

（3）喜欢讨论对一部电影或一本书的感情。

（4）在陌生场合不感到拘谨和紧张。

（5）相信自己的判断，不喜欢模仿别人。

（6）很喜欢参加学校的各种活动。

第八组总计次数（　　）

第九组

（1）工作细致而努力，试图将事情完成得尽善尽美。

（2）对学习和工作抱认真严谨、始终一贯的态度。

（3）喜欢花很长时间集中于一件事情的细小问题。

（4）擅于观察事物的细节。

（5）无论填什么表格态度非常认真。

（6）做事情力求稳妥，不做无把握的事情。

第九组总计次数（　　）

统计和确定你的职业性格类型

每组计的次数相应的职业性格如下：

第一组：变化型。

第二组：重复型。

第三组：服从型。

第四组：独立型。

第五组：协作型。

第六组：劝服型。

第七组：机智型。

第八组：好表现型。

第九组：严谨型。

符合你情况的句子越多，则相应的职业性格类型越接近你的性格特点。

各类职业的性格特点

1. 变化型：这些人在新的和意外的活动情景中感到愉快，喜欢经常变化职业的工作他们追求多样化的生活，以及那些能将其注意力从一件事转到另一件事上的工作情景。

2. 重复型：这些人喜欢连续不断地从事同样的工作，他们喜欢按照机械的和安排好的计划或进度办事，喜欢重复的、有规则的、有标准的职务。

3. 服从型：这些人喜欢按别人的指示办事。他们不愿自己独立作出决策，而喜欢对分配给自己的工作负起责任。

4. 独立型：这些人喜欢计划自己的活动和指导别人的活动，他们在独立和负有职责的工作中感到愉快，喜欢对将要发生的事情作出决定。

5. 协作型：这些人在与人协同工作时感到愉快，他们想要得到同事们的喜欢。

6. 劝服型：这些人喜欢设法使别人同意他们的观点，这一般通过谈话或写作来达到。他们对于别人的反应有较强的判断力，且善于影响他人的态度、观点和判断。

7. 机智型：这些人在紧张和危险的情景下能很好地执行任务，他们在危险的状态总能自我控制和镇定自如。他们在意外的情境下工作做得很出色，当事情出了差错时，他们不易慌乱。

8. 好表现型：这些人喜欢表现自己的爱好和个性的工作情景。

9. 严谨型：这些人注重细节，他们按规则和步骤将工作做得完美。他们倾向于严格、努力地工作，以便看到自己出色地完成的工作效果。

七　职业倾向测试

为协助大家了解自己的职业兴趣和职业倾向，以便及早为自己的职业生涯做好准备，请做个小小测试。

以下有60道题目，如果你认为自己是属于这一类人，便在序号上画个圈，反之，便不必做记号。答题时不需要反复思考。

测试开始

1. 我喜欢自己动手干一些具体的能直接看到效果的活儿。
2. 我喜欢弄清楚有关做一件事情的具体要求，以明确如何去做。
3. 我认为追求的目标应该尽量高些，这样才可能在实践中多获成功。
4. 我很看重人与人之间的友情。
5. 我常常想寻找独特的方式来表现自己的创造力。
6. 我喜欢阅读比较理性的书籍。
7. 我喜欢生活与工作场所布置得朴实些、实用些。
8. 在开始做一件事情以前，我喜欢有条不紊地做好所有准备工作。
9. 我善于带动他人、影响他人。
10. 为了帮助他人，我愿意做些自我牺牲。
11. 当我进入创造性工作时，我会忘却一切。
12. 在我找到解决困难的办法之前，通常我不会罢手。
13. 我喜欢直截了当，不喜欢说话婉转。
14. 我比较善于注意和检查细节。
15. 我乐于在所从事的工作中承担主要责任人。
16. 在解决我个人问题时，我喜欢找他人商量。

17. 我的情绪容易激动。

18. 一接触到有关新发明、新发现的信息，我就会感到兴奋。

19. 我喜欢在户外工作与活动。

20. 我喜欢有规律的生活，干净整洁的环境。

21. 每当我要作重大的决定之前，总觉得异常兴奋。

22. 当别人叙述个人烦恼时，我能做一个很好的倾听者。

23. 我喜欢观赏艺术展和好的戏剧与电影。

24. 我喜欢先研究所有的细节，然后再做出合乎逻辑的决定。

25. 我认为手工操作和体力劳动永远不会过时。

26. 我不大喜欢由我一个人负责来做重大决定。

27. 我善于和能为我提供好处的人交往。

28. 我善于调解他人相互之间的矛盾。

29. 我喜欢比较别致的着装，喜欢新颖的色彩与风格。

30. 我对各种大自然的奥秘充满好奇。

31. 我不怕干体力活，通常还知道如何巧干体力活。

32. 在做决定时，我喜欢保险系数比较高的方案，不喜欢冒险。

33. 我喜欢竞争与挑战。

34. 我喜欢与人交往，以丰富自己的阅历。

35. 我善于用自己的工作来体现自己的情感。

36. 在动手做一件事情之前，我喜欢先在脑中仔细思索几遍。

37. 我不喜欢购买现成的物品，希望能购买到材料自己做。

38. 只要我按照规则做了，心里就会踏实。

39. 只要成果大，我愿意冒险。

40. 我通常能比较敏感地觉察到他人的需求。

41. 音乐、绘画、文字等任何优美的东西都特别容易给我带来好心情。

42. 我把受教育看成不断提高自我的一辈子的事业。

43. 我喜欢把东西拆开，然后再使之复原。

44. 我喜欢每一分钟都花得要有名堂。

45. 我喜欢启动一项项工作，具体的细节让其他人去负责。

46. 我喜欢帮助他人，提高他人的学习能力。

47. 我很善于想象。

48. 有时候我能独坐很长时间来阅读、思考或做一件难对付的事情。

49. 我不怎么在乎干活时弄脏自己。

50. 只要能仔细地完整地做完一件事情，我就感到十分满足。

51. 我喜欢在团体中担当主角。

52. 如果我与他人有了矛盾，我喜欢采取平和的方式加以解决。

53. 我对环境布置比较讲究，哪怕是一般的色彩、图案都希望能赏心悦目。

54. 哪怕我明知结果会与我的期盼相悖，我也要探究到底。

55. 我很看重健壮而灵活的身体。

56. 如果我说了我来干，我就会把这件事情彻底干好。

57. 我喜欢谈判，喜欢讨价还价。

58. 人们喜欢向我倾诉他们的烦恼。

59. 我喜欢尝试有创意的新主意。

60. 凡事我都喜欢问一个“为什么”。

计分标准

请根据你在上面自测过程中画圈子的序号，在下表中相同的数字上同样画圈。

实际型	探索型	艺术型	社会型	事业型	常规型
01	02	03	04	05	06
07	08	09	10	11	12
13	14	15	16	17	18
19	20	21	22	23	24

续表

实际型	探索型	艺术型	社会型	事业型	常规型
25	26	27	28	29	30
31	32	33	34	35	36
37	38	39	40	41	42
43	44	45	46	47	48
49	50	51	52	53	54
55	56	57	58	59	60

接着，根据每一栏所画圈的多少，将排在前三位的栏目顶上的类型填在下面。

第一：_______

第二：_______

第三：_______

结果分析

实际型（R）

实际型劳动者倾向于从事具体、可触及的工作，偏好使用工具，尤其是操作大型机械。他们身体灵活、动作协调，但在语言表达和社交场合中常感不自在，对教育和接待类工作兴趣不高。这类人通常给人留下的印象是：不合群，注重实际利益，谦逊低调，遵循规则，自然直率，倔强固执，节俭坦诚，有毅力但见识有限。他们适合的职业包括工程师（如机械、土木等领域）、技术员，维修、安装、热处理工人，电工、木工、鞋匠等手工行业，以及公共汽车、出租车、工业卡车、轮船和火车的驾驶员，还有测绘、描图、消防、畜牧业、渔业等职业。

探索型（I）

探索型劳动者热衷于解决抽象问题，偏好使用词汇、符号和概念进行工作。他们好奇心强，渴望探索未知，偏好独立思考和创造性工作，而非社交性和重复性活动。这类人通常知识丰富，对自己的学识和能力感到自豪，但可能对自己的领导能力信心不足。

他们给人的印象是：分析力强，独立理性，细心谨慎，智慧而冷漠，有时显得挑剔和内向孤独。适合的探索型职业主要集中在科学研究和实验领域，如物理、化学、数学、生物学、动物学、植物学、经济学、人类学等领域的专家及助手，还有工程师（如化学、电子、冶金等方向）和技术员，以及飞行员等。

艺术型（A）

艺术型劳动者倾向于在艺术创作的环境中工作，如写作、作曲、绘画、摄影、建筑等，他们享受创造独特且富有表现力的作品，重视个性表达。这类人通常情感丰富，敏感细腻，偏好独立工作，对单调或经营性工作不感兴趣。他们给人的印象是：复杂多变，富有想象力但不切实际，不拘小节，情感冲动但具有独创性和表达力。适合的艺术型职业包括艺术、音乐、戏剧、外语、文学、舞蹈等领域的教师，艺术家（如歌唱家、舞蹈家、乐队指挥），编辑、广播节目制作者，以及设计师（家具、珠宝等）和评论家等。

社会型（S）

社会型劳动者热衷于为人服务和教育他人，关注社会问题的解决。他们热情友好，善于交际，关心他人，重视社会义务和道德。这类人通常不擅长技术性工作，更喜欢与人打交道。他们给人的印象是积极向上，乐于助人，有责任心，合作能力强，理想主义，合群且富有同情心。适合的社会型职业包括保育员、教育行政人员、社会科学专家、护士、社会服务指导、体育教练，以及剧院、酒店、旅社的管理人员，发型师等。

事业型（E）

事业型劳动者喜欢竞争，勇于冒险，精力充沛，乐观自信，擅长交际和领导。他们追求权力、地位和物质财富，对科学研究和复杂思维工作兴趣不大。这类人通常给人留下的印象是精力旺盛，乐于表现，自信外向，野心勃勃，但有时也显得盛气凌人。适合的事业型职业包括商人、经理、律师、市场和商业系统分析专家、银行和金融领域工作人员、销售人员、播音员等。

常规型（C）

常规型劳动者偏好按照计划和指令工作，喜欢明确的任务和责任，不喜欢冒险和复杂的人际关系。他们工作踏实，忠实可靠，遵守纪律。这类人通常给人的印象是小心谨慎，缺乏灵活性但有恒心，遵守常规，自我约束，认真有条理，但也可能显得拘谨被动。适合的常规型职业包括会计、出纳、文员、秘书，旅游、外贸职员，财政和审计专家，人事管理等职位。